Narratives

Raffi

ՊԱՏՄՎԱԾՔՆԵՐ

ՐԱՖՖԻ

ԱՆԲԱԽՏ ՀՌԻՓՍԻՄԵՆ

Ա

Գարնան թարմ և փափուկ առավոտ էր: Արևի շողքերը դեռ նոր խաղում էին վաղորդյան ցողի մարգարիտների հետ: Տ... գյուղի երդիկներից ծուխը օձանման պտտվում էր երկնքի կապուտակ տարածության մեջ:

Մարթան, ժիր տանտիկինը, նստած նոր վառած թոնրի շրթան մոտ, շերեփը ձեռքին, կերակուրներին էր նայում: Նրա հարսը՝ Ջավահիրը, թեթև թիթեռնիկի նման, պտտվում էր յուր սկեսուրի շուրջը և նրա հրամաններն էր կատարում: Իսկ գեղեցիկ Հռիփսիմեն, տանտիկնոջ տասն և յոթն տարեկան աղջիկը, ավելը ձեռքին՝ տախտն էր մաքրում:

Հանկարծ ներս մտավ մահտեսի Հակոն, Մարթայի ամուսինը: Հռիփսիմեն և Ջավահիրը, վերջացնելով իրանց գործը, առաջինը առեց յուր կարը և նստավ ծալքի ետքում, սկսավ գործել, իսկ վերջինը գնաց հավերին կուտ տալու:

Մահտեսի Հակոյի դեմքը արտահայտում էր խորին ուրախություն:

— Աչքդ լո՛ւյս, Մարթա, — ասաց նա՝ մոտենալով յուր կնոջը: — Կուզե՞ս խե՛ր խաբար:

— Ի՞նչ խաբար, — հարցրուց կինը, նույնպես ուրախանալով:

— Մելիքը միտք ունի մեր Հռիփսիմեի վրա պսակվել: Մարթայի դեմքի վրա երևաց զարմանքի նման մի բան, և նա ասաց.

— Ես չեմ հավատում, որ ուղտը մեր նեղ դռնից ներս մտնի, կամ մելիքի պես մեծ մարդը մեզ փեսա դառնա:

Մահտեսի Հակոն ավելի սկսավ պնդել յուր խոսքը:

— Մեր տեր Կիրակոսին հավատում ե՞ս դու, — հարցրուց նա:

— Հավատում եմ, նա սուրբ մարդ է, ամեն գիշեր յոթն կանոն Սաղմոս է քաղում, — պատասխանեց կինը:

— Նա ինքը ասաց ինձ այդ խոսքը:

Մարթայի հրճվանքին չափ չկար:

— Հիմա գնա՛ ու քեփ արա՛, Մարթա, մելիքի պես փեսա

ունիմք... Նա շատ մեծ մարդ է, Մարթա... Նրա փողերին չափ չկա... — խոսեց մահտեսի Հակոն հիացմունքով:

— Բայց մենք աղքատ ենք, — նրա խոսքը կտրեց կինը:

— Իրավ, մենք աղքատ ենք, բայց աստված մեզ տվել է գեղեցիկ Հռիփսիմեն, որի պատճառով հարուստ փեսա կունենանք... և մենք էլ գուցե կհարստանանք...:

Բ

Սույն միջոցին ներս մտավ մահտեսի Հակոյի որդին՝ Ստեփանը: Ծնողքը պատմեցին նրան: Իսկ նա, փոխանակ նրանք ուրախությանը բաժանորդ լինելու, սառն կերպով պատասխանեց.

— Ես գիտեմ, որ այդ գլուխ գալու գործ չէ, Հռիփսիմեն մելիքին չէ կարող սիրել, նա մի ուրիշին է սիրում...

— Ո՞ւմ, — կատաղելով հարցրուց հայրը:

— Եղոյի տղա Ալեքսանին:

— Վա՛յ, ես սև հագնեմ... — ձայն տվեց Մարթան:

Բայց մահտեսի Հակոյի աչքերը վառվեցան վայրենի կրակով, և նա գոռաց.

— Եղոյի տղին... Ո՞վ է նա, մի լոթի տղա է... Տանումը ուտելու հաց չունի...: Ես Հռիփսիմեին կսպանեմ, եթե մի այդպիսի բան կա նրա սրտումը...

Հոր խոսքերը Ստեփանի վրա վատ տպավորություն ունեցան, որովհետև նա սիրում էր յուր քրոջը և սիրում էր Ալեքսանին և գիտեր, թե նրանք ո՛րքան սիրում էին միմյանց: Եվ նա շատ մեղմությամբ պատասխանեց.

— Ինչո՞ւ եք բարկանում, հայր իմ, «գովուլ սավան գորչակ օլուր» (սրտի սիրածը գեղեցիկ է լինում), — ասում է թուրքի առածը: Ալեքսանը ամենևին լոթի չէ, նա ժիր, բանվոր և ուրախ տղա է: Ճշմարիտ է, մելիքի չափ փող չունի, բայց ջահիլ է, աշխատավոր է, կարող է կին պահել:

— Նա մելիքի դռան շունը չէ կարող լինել, — բարկությամբ որդու խոսքը կտրեց մահտեսի Հակոն:

— Մելիքին ի՞նչպես փոխենք մի գյադայի (գռեհիկի) հետ, — մեջ մտավ Մարթան:

— Մելիքն ի՞նչ է, — փոքր-ինչ պինդ ձայնով հարցրուց

Ստեփանը: — Դիցուք թե փող շատ ունի, ինքն մեծ մարդ է. բայց վաթսուն տարեկան ծերացած և փտած մարդ է... Հռիփսիմեն պիտի գնա նրա եթիմներին (որբերին) մայրություն անե՞...

— Այ տղա, ի՞նչ ես խելքդ կորցրել, — շարունակեց մահտեսի Հակոն, — ի՞նչ ես սարսաղ-սարսաղ գլխիցդ դուրս տալիս. մելիքն ինքը ինչ կուզի թող լինի: Մեզ բավական է միայն, որ նրա նման մի մարդ մեզ փեսա է դառնում... Շատ բաշլըղ կառնենք, նա կօգնե մեզ գյուղի գործերում, մեզ թև ու թիկունք կդառնա, գյուղացիքը մեզնից կվախենան, մեր ցանքի ջուրը չեն կտրի, մեր արտերը չեն փչացնի: Խանը մեզանից ավելի հարկ չի կարող առնել, մի խոսքով, նա մեզ ամեն չարից կպահպանե...

Ստեփանը էլ ավելի չխոսեց, գլուխը թափ տալով տանից դուրս գնաց, քթի տակից մրթմրթալով, — «Ես գիտեմ այդ բանի վերջն ի՜նչ կլինի»...:

Գ

Այդ խոսակցության ժամանակ Հռիփսիմեն, ծալքի ետնեն միայնակ նստած, լսում էր բոլորը: Հայրը տանից գնալեն հետո, նա դուրս եկավ այնտեղից:

— Այդ ի՞նչ է, աղջի, աչքերդ կարմրել են, — հարցրուց մայրը:

— Ոչինչ, մայրի՜կ, գլուխս մի քիչ ցավում է, — պատասխանեց օրիորդը ողորմելի ձայնով:

— Դու լաց ես եղել, Հռիփսիմե, արտասուքը թշերիցդ դեռ չէ չորացել:

— Չէ՜, մայրիկ, գլուխս ցավում է...

Աղջիկը էլ ոչինչ չխոսեց, սափորը առավ ուսին, գնաց աղբյուրից ջուր բերելու:

Մայրը մնաց միայնակ:

— Աղջի, Ջավահի՜ր, — ձայն տվեց նա հարսին:

Հայտնվեցավ հարսը, երեսը մինչև գոտին ծածկված կարմիր լեչակով:

Սկեսուրը ասաց նրան.

— Հարսի՜, մելիքը միտք ունի պսակվել Հռիփսիմեի հետ, այսօր ես նրան ուրիշ տեսակ տեսա, երևում է սրտումը բան ունի թաքցրած: Նա ամաչեց, ինձ ոչինչ չասաց, բայց քեզանից չի ծածկի յուր սիրտը: Դու նրան խոսացրու, միտքն իմացի՛ր և ինձ խաբար տո՛ւր:

Հարսը գլխով շարժեց ի նշան համաձայնության:

— Հիմա նա կդառնա աղբյուրից, — շարունակեց Մարթան, — ես գնում եմ քավորենց տունը, դու նրան խոսացրու:

Մարթան առեց յուր թեշին և ձեռքում մտնելով տանից դուրս գնաց:

Ճանապարհին նրան հանդիպեց սանամեր Շուշանը:

— Աչքդ լո՛ւյս, — ասաց նա ծիծաղելով, — ի՞նչպես աղջկադ բախտը բաց էլավ. սուրբ Կարապետը, Մարթա, աստված ձեզ ողորմություն արաց...

— Աստված քո Մարիամին էլ փոխ անե, — պատասխանեց Մարթան:

— Հիմա հավատում ե՞ս, Մարթա, որ իմ երազը կատարվեցավ: Քանի օր առաջ ասում էի քեզ, որ երազումս տեսա մի կանաչկարմիր լույս կամար էր կապել ձեր տան վրա: Այդ լույսն մելիքն էր...

— Փառք յուր ողորմությանը, — երեսը խաչակնքելով ավելացրեց Մարթան, — տեր ամենակալը խղճաց մեր թշվառության վրա...:

Այդպիսի կրոնական զգացմունքներով, նրանք շարունակելով իրանց խոսակցությունը, գնում էին քավորենց տունը: Մինչդեռ Հռիփսիմեն դարձավ աղբյուրեն:

Դ

— Լսե՞լ ե՛ս, Հռիփսիմե, — ասաց նրան Ջավահիրը. — մեր մելիքը միտք ունի քեզ վրա պսակվի:

— Չէ՛, Ջավահի՛ր, ես ջուրը կընկնեմ, ես ինձ կխեղդեմ, ես չեմ կարող նրան ուզել, — ասաց Հռիփսիմեն, արտասուքը սրբելով:

— Գժվել ես, աղջի, մելիքի նման մարդը քեզ վրա պսակվի, դու չե՞ս ուզի, այդ ի՞նչ խելք է:

Օրիորդի գունատված դեմքը ավելի տխրեց և նա պատասխանեց.

— Ես չեմ կարող, Ջավահի՛ր, ես չեմ կարող ուզել նրան:

— Հո՛ղը սարսաղ գլխիդ, — նրա խոսքը արհամարհանք կտրեց

հարսը: — Գիտե՞ս, ի՛նչ շորեր կհագցնի քեզ, գիտե՞ս, ի՛նչպես կպահե քեզ:

— Եթե ինձ ոսկու և արծաթի մեջ պահե, էլի չեմ կարող նրան սիրել:

— Հո՛ղը դատարկ գլխիդ, — դարձյալ կրկնեց Ջավահիրը: — Ես գիտեմ, դու էլ սրտումդ դարդ ունիս:

Օրիորդը կարմրեց:

— Ես ոչինչ դարդ չունեմ, — ասաց նա մեղմ ձայնով:

— Չէ՛, չունես... դու Ալեքսանին սիրում ես, — նրա խոսքը կտրեց հարսը:

Օրիորդը ավելի շփոթվեցավ:

— Այդպես չէ՞, դե ասա՛, դե ասա՛, — կրկնեց Ջավահիրը:

— Ես միտք չունեմ մարդու գնալու, — պատասխանեց համեստությամբ Հռիփսիմեն:

— Կո՞ւյս պիտի դառնաս, ինչ է:

— Ես գիտեմ...

— Գրո՛ղը տանի քեզ պես սարսաղը... հայրդ, մայրդ քեզ մելիքին տալեն հետո, դու ինչ կարող ես անել:

Օրիորդի աչքերում նկատվեցավ բարկության նման մի բան, և նա գոչեց.

— Ես ինձ կխեղդեմ...

— Գնամ մորդ ասեմ, — սպառնական կերպով ասաց հարսը:

Լսելով վերջին խոսքերը, օրիորդը դարձյալ մեղմացավ և, բռնելով Ջավահիրի ձեռքը, ասաց նրան ողորմելի ձայնով.

— Հարսի ջան, քո հոգուն մատաղ, աղաչում եմ քեզ, դու մորս ոչինչ մի՛ ասա, հայրս լսե, ինձ կսպանե... ասա՛ մորս, ես ուխտ եմ դրել ինձ վրա, մինչև քանի տարեկան չդառնամ, մարդի չպիտի գնամ... Ասա՛ մորս դեռ սպասեն... ինձ մելիքին չտան...:

Ջավահիրը, տեսնելով օրիորդի արտասուքը, զգաց նրա սրտի դառն վրդովմունքը և գրկեց նրան, ասելով.

— Հռիփսիմե ջան, ես իմանում եմ քո սրտի դարդը... ես մորդ ոչինչ չեմ ասի...

Ե

Անցավ մի քանի շաբաթ:

Երեկոյան մութը բավականին թանձրացել էր: Մի երիտասարդ

բաիը ուսին դառնում էր դաշտեն: Նրա գեղեցիկ կերպարանքը, ամբողջ օրվա հոգնածությունից հետո, դարձյալ արտահայտում էր ուրախություն և հրճվանք:

Նա գալիս էր այգիների միջով, երեկոյան հովասուն տարածության մեջ լսելի էր լինում նրա քաղցր երգի հնչյունները:

«Հռիփսիմես սազ ունենամ,
Մի գեղեցիկ բաղ ունենամ,
Հռիփսիմես սեյրան անե,
Բլբուլներին հեյրան անե»:

«Բաղ ունենամ ես գեղեցիկ,
Էնտեղ բուսնին վարդ ու ծաղիկ,
Հռիփսիմես սեյրան անե,
Բլբուլներին հեյրան անե»:

Վերջացնելով յուր երգը, երիտասարդը մոտեցավ մի այգիի, բաիը նեցուկ դրեց պատին և վագրի արագությամբ վեր թռավ պատի վրա, իջավ այգիի մեջ:

«Նա ամեն երեկո այստեղ տեսնվում էր ինձ հետ, գնամ, գուցե գտնեմ հրեշտակիս»... — ասաց նա ինքն իրան և առաջ գնաց: Երկար նա այգիում պտտելուց հետո չգտավ յուր սիրուհուն և հուսահատ դուրս գնաց:

Մտնելով գյուղը, երիտասարդը անցավ մահտեսի Հակոյի տան առջևից:

Նա զարմացավ, լսելով այնտեղից երգի ու ուրախության ձայներ:

— Այդ ի՞նչ խաբար է, — հարցրուց նա, հանդիպելով մահտեսի Լակոյի որդուն՝ Ստեփանին:

— Չե՞ս լսել, Ալեքսան, մեր Հռիփսիմեին նշանում են, — պատասխանեց Ստեփանը տխուր դեմքով:

Կայծակի հարվածք ունեցավ այդ լուրը խեղճ երիտասարդի վրա:

— Ո՞ւմ համար, — հարցրուց նա:

— Մեր մելիքի»Երիտասարդը կատաղեցավ:

— Աշխարհը քարուքանդ կանեմ, բոլոր մելիքի տունը կկոտորեմ, ո՞վ կարա խլել իմ ձեռքից իմ Հռիփսիմեն...:

— Սխալվում ես, Ալեքսան, բըզի վրա ձեռք չի կարելի խփել... — պատասխանեց Ստեփանը գլուխը շարժելով: — Բայց դա միամիտ կաց, որ ես քանի կենդանի եմ, չեմ թող տա այդ բանը կատարվի:

Բայց Ալեքսանը չլսեց նրան և կատաղած առյուծի նման վազեց դեպի իրանց տունը և առեց յուր զենքերը: Նա դուրս եկավ գյուղի մեջ այն ժամանակ, երբ մելիքը նշանդրեքը վերջացնելով, յուր ծառաների և բարեկամների հետ, լուսավորված լապտերներով, դառնում էր մահտեսի Հակոյի տնեն:

— Դո՛ւ, քավթա՛ռ, խլում ես իմ սիրուհին... — հանկարծ գոռաց մի ձայն:

— Այդ ո վ է... բռնե՛ք այդ լակոտին... — գոչեց մելիքը, շփոթվելով:

Սուրը շողաց և նա զգաց յուր գլխին մի սաստիկ զարկ:

Ծառաները վրա թափեցան, լապտերները հանգան... և բոլորը պորան վառոդի ծխի մեջ...:

Զ

Անցան մի քանի ամիսներ:

Մութ-խավարային բանտի մեջ նստած էր մի երիտասարդ: Այդ խոնավ, ստորերկրյա բնակարանի գիջությունից բոլորովին մաշվել էր խղճալին: Նրա մեռելային դեմքը, շիջած աչքերը արտահայտում էին տխուր և հուսահատ սրտի կսկիծները...»:

«Բանտ, — ասում էր ինքն իրան, — ի՛նչ սարսափելի ես դու... ես կենդանի տանջվում եմ գերեզմանիս մեջ... տանջվում եմ և մտածում եմ Հռիփսիմիս համար... Ա՛խ, մահն էլ ինձ մոտ չէ գալիս, գոնյա՛ հանգստացնե ինձ... »:

Նա գլուխը վեր թողեց հարդի վրա և թմրությունը տիրեց խղճալուն:

Հանկարծ փայլեցավ մի լույս:

Մինը, ճրագը ձեռքում, փաթաթված սև վերարկուի մեջ, իջավ բանտի սանդուղքներեն:

Նա կանգնեց պառկած երիտասարդի մոտ, և յուր տխուր հաքացքը ձգելով նրա երեսին, ասաց.

— Նա դեռ կենդանի է...:

Եվ գրկեց նրան:

Երիտասարդը զարթեցավ:

— Աստված իմ, — գոչեց նա րոպեական շփոթությունից հետո, — ի՞նչ եմ տեսնում... այդ երազ է...

— Ալեքսան, իմ հոգիս, — ձայն տվեց եկվորը:

— Ստեփան, իմ հրեշտակ, — ձայն տվեց երիտասարդը:

Նրանք կրկին գրկախառնվեցան:

Տիրեց հիացմունք և լռություն:

— Ո՞րպես դու մտար այստեղ, իմ բարեկամ, — հարցրուց Ալեքսանը մի փոքր զգաստանալոլց հետո:

— Ես կաշառեցի պահապանին, և նա թող տվավ ինձ քեզ մոտ գալ, — պատասխանեց Ստեփանը, նստելով երիտասարդի մոտ:

— Դու եկար տեսնե՞լ իմ թշվառությունը...

— Ոչ, Ալեքսան, ես եկա ազատել քեզ, որովհետև ես զգում եմ, որ իմ քույրը եղավ քո բոլոր թշվառության պատճառը...

— Չէ՛, Ստեփան, իմ սիրելի, մի՛ նախատեցեք նրան, Հռիփսիմեն անմեղ է, որպես երկնքի հրեշտակը, նա հավատարիմ... մնաց յուր խոստմունքին... նա սիրում էր ինձ... ես սիրում էի նրան... բայց քո ծնողաց բռնաբարությունը մեզ զրկեցին միմյանցից...

— Դու չլսեցիր իմ խրատը, Ալեքսան:

— Սերը, իմ բարեկամ, հասցնում է մարդին մինչև կատաղություն և ցնորք...: Ես ցանկացա իմ սրով վերջ տալ գործին, բայց ինձ չհաջողվեցավ...

— Այդ բոլորը անցել են, Ալեքսան, լսի՛ր, ինչ որ ասում եմ քեզ, ես կաշառել եմ պահապաններից մինին, նա խոստացել է էգուց գիշերը բաց թողնել քեզ. ես և Հռիփսիմեն կսպասենք քեղ ամրոցի մոտ: Պահապանը քեզ մեր մոտ կբերե: Այնտեղից մենք կփախչենք օտար երկիր:

Ալեքսանի մռայլված դեմքը փայլեցավ ուրախության լուսով և նա գրկեց Ստեփանին, գոչելով.

— Իմ հրեշտակ, իմ փրկիչ:

— Բավական է, ես ուշանում եմ, էգուց գիշեր կտեսնենք միմյանց:

Նրանք բաժանվեցան:

Է

Այդ խոսակցության միջոցին, մի մարդ, դևի նման կուչ եկած բանտի սանդուղքների վրա, լսում էր բոլորը: Ստեփանի դուրս գալու ժամանակ, նա քաշվեցավ, ուրվականի պես կորավ գիշերային խավարի մեջ: Քանի ժամից հետո նույն մարդը հայտնվեցավ մելիքի մոտ և պատմեց յուր լսածները:

Մելիքի վայրենի դեմքը խռովեցավ կատաղության բարկությունով, և նա հրամայեց իրան տալ գրիչ և թուղթ:

— Ես կցույց տամ քեզ փախչելը, — ասաց նա, և սկսավ գրել մի այդպիսի նամակ:

«Վսեմափառ խան»:

«Նամակիս հետ ուղարկում եմ ձեզ հարյուր հատ ոսկի էշրեֆի, այն պայմանով միայն, որ դուք հրամայեք այս գիշեր վերջ տային այն հայ երիտասարդի կյանքին, որ ձեր բանտումն է»:

Նա կնքեց նամակը և ոսկիների հետ տվեց ծառային, տանել խանին:

— Նույն րոպեին նրա խոժոռ դեմքի վրա ցնցվեցավ մի սարսափելի ծիծաղ:

«Ում հետ են խաղ անում դրանք... — ասաց նա ինքնաբավական հպարտությամբ, — ամբողջ գավառիս հայ ժողովուրդը ինձանից դողում է... Խանի սիրտը ձեռքումս ունեմ... ինչեր ուզում եմ, անում եմ... Հե՞շտ է ինձ հետ գործ ունենալ»...

Քանի րոպեից հետո նա փոխեց յուր խոսքը. «Ա՜խ, Հռիփսիմե ինչո՞ւ դու չես սիրում ինձ... շուտով ես քո մտքի ցնորքը դեպի մյուս աշխարհը կուղարկեմ... այն ժամանակ դու ստիպված կլինես սիրել ինձ... սիրել և մանկացնել իմ սպիտակ ալիքները»...:

Վերջին խոսքերը վառեցին ծերունի տարփածուի սրտում նրա սառած կրքերը, և նա իսկույն ձայն տվեց յուր տնտեսին:

Հայտնվեցավ մի կարճլիկ մարդ, մռայլված կերպարանքով:

— Մառտո, — հրամայեց նրան, — էգուց առավոտից պատրաստվեցեք սկսել հարսանիքը:

— Դեռ շատ բան պակաս է, տեր իմ, — պատասխանեց տնտեսը:

— Փույթ չէ՛, լսի՛ր, ինչ որ ասում եմ քեզ:

— Հրամեր եք, աղա, — ասաց տնտեսը և գլուխ տալով հեռացավ:

Տնտեսը գնալուց հետո նա դարձյալ անձնատուր եղավ յուր

մտքերին. «Ես բոլորովին առողջ եմ զգում ինձ այժմ, ամբողջ երեք ամիս այն չարագործի սրով ես պառկած մնացի իմ անկողնում, բայց տերը ազատեց ինձ, բայց նա չի ազատվի իմ ձեռքեն... նա այս գիշեր կմորթվի դահճի ձեռքով»...

Ը

Առավոտը լուսացավ:

Տ... գյուղի մեջ լսելի էին լինում դհոլի և զուռնայի ձայներ: Գյուղացոց դեմքի վրա փայլում էր ուրախություն: Յոթն օր և յոթը գիշեր հարսանիք պիտի լիներ:

— Ի՛նչպես բախտավորվեցավ մահտեսի Հակոն, — ասում էր գյուղացիներից մինը յուր մոտ կանգնած մարդուն: — Մելիքի պես փեսա գտավ, ասում են հիսուն թուման բաշլըղ է առել, մի ջուխտ եզ, մի ջուխտ գոմեշ է ստացել: Շուտով յուր համար գութան կսարքե, կվարե, կինձե և կապրե...

— Էս էլ աստծո տալիքն է, Մարտիրոս ախպեր, — նրա խոսքը կտրեց մի այլը. «Բախտը երբ որ բերում է, ամեն բան էլ լինում է, բախտը երբ որ գնում է, ամեն բան էլ տանում է»:

— Բայց էդ լա՞վ է, որ մի աղջկա համար այնքան արյուններ թափվեց, — մեջ մտավ մի այլը:

— Օրհնած, մեզ ի՞նչ, — նրան պատասխանեց մի կարճլիկ մարդ, — եթե այդ հարսանիքը չլիներ, մենք ո՞րտեղից մինչև յոթն օր, յոթն գիշեր կարող էինք առատ ուտել-խմել և քեփ անել:

— Էդ դրուստ է, — մեջ մտավ մի գյուղացի երիտասարդ, — բայց գիտե՞ք Ալեքսանը ի՛նչ տղա էր...Ամբողջ գյուղի ուրախությունն էր նա: Նրա դոչաղությունը, նրա խաղ ասելը, նրա բնավորությունը ո՞վ ունի, ամենի համար նա յուր գլուխը չէր խնայի, բայց մի այդպիսի բարի և քաջ տղամարդը հիմա փտում է բանտի մեջ...

— Մարդի ճակատին ինչ որ գրված է, էն կլինի, — երիտասարդի խոսքը կտրեց մի ծերունի: — Աստուծո գործերը չէ կարելի քննել, ի՞նչ մեր գործն է այդպիսի բաների վրա խոսելը...

Մարդիկ լռեցին, երբ որ մոտեցան նրանց դհոլ-զուռնաածողները, մի ահագին խայտաճամուկ բազմություն, որոնք պար գալով — ուրախություն անելով մահտեսի Հակոյի տունը նան գուշտ էին անում մելիքի տանից:

Խոսողները խառնվեցան նրանց խմբին, և բոլորը դիմեցին դեպի մահտեսի Հակոյի տունը:

Թ

Նույն ավուր գիշերը մահտեսի Հակոյի տունը լիքն էր բազմությունով: Այնտեղ հավաքված էին նրա բոլոր ազգականները, բարեկամները, ուտում, խմում և ուրախանում էին: Մի հոգի միայն տխուր էր այդ տան մեջ, դա էր օրիորդ Հռիփսիմեն: Նա միայնակ նստած էր մի փոքրիկ սենյակում, և արտասուքը հեղեղի նման թափվում էր նրա գունատ թշերի վրա:

Նրա մոտ ներս մտավ Ջավահիրը, հինայի ամանը ձեռքում բռնած: Օրիորդը շուտով սրբեց արտասուքը:

— Աղջի՛, Հռիփսիմե, էլի ի՞նչ ես ունքերդ կիտել, էլ ի՞նչ կա, — հարցրուց նա, դառնալով դեպի աղջիկը:

— Ոչինչ, Ջավահիր, մի քիչ քեփս լավ չէ , գլուխս պտույտ է գալիս... — տխրությամբ պատասխանեց օրիորդը:

— Քո աչքն էլ տրաքի քո սարսաղ գլխի հետ, բոլոր գյուղը քո հարսանիքով ուրախանում են, դու ասում ես քեփս լավ չէ՛:

— Ես ի՛նչ անեմ, որ չեմ կարող ուրախանալ...

Ջավահիրը ուշադրություն չդարձրեց նրա խոսքերին, բռնեց օրիորդի ձեռքիցը, ասաց մի փոքր պինդ ձայնով.

— Էլի իծաներդ մոտ են էլի...շատ մի խոսի, վեր կա՛ց, հինա եմ բերել, վեր կա՛ց ձեռքերդ ու մազերդ հինա դնեմ:

Օրիորդը հրաժարվեցավ:

— Չէ՛, Ջավահի՛ր, թո՛ղ մնա էս գիշեր, աղաչում եմ քեզ, թող մնա էս գիշեր, — ասաց նա տխուր ձայնով:

— Աղջի, գժվի՞լ ես, ի՞նչ ես խոսում, խնամոնց տնից բերած հինան է:

— Ինչ կուզի, թող լինի, ես չեմ կարող...

— Գնա՞մ մորդ ասեմ, — սպառնական կերպով խոսեց Ջավահիրը:

— Չէ՛, Ջավահիր, մի՛ ասա, աղաչում եմ քեզ, թո՛ղ մնա աս գիշեր:

Ջահավիրը նկատելով օրիորդի ողորմելի կերպարանքը խղճաց նրա վրա:

— Խե՛ղճ աղջիկ,— ասաց նա,— ես քո դարդը իմանում եմ...

Եվ թողեց նրան միայնակ:

Ժ

Կեսգիշերից երկու ժամ անց էր, երբ մահտեսի Հակոյի տանեն ուրախացող բազմությունը հեռացավ: Ճրագները հանգցրին և մնացածները քուն մտան:

Իսկ Հռիփսիմեից վաղուց փախել էր քունը: Նա անհանգիստ մինին սպասում էր յուր սենյակում: Հանկարծ այնտեղ մտավ նրա եղբայրը՝ Ստեփանը:

— Շտապի՛ր, Հռիփսիմե՛, ժամանակը կորչում է, շտապի՛ր գնանք, — ասաց նա, բռնելով քրոջ ձեռքից:

Հռիփսիմեն վերջին անգամ նայեց ծնողական տան վրա և մի քանի կաթիլ արտասուք թափելեն հետո, եղբոր հետ դուրս եկան տանից:

Այդ այն խորհրդական գիշերն էր, որ բանտի պահապանը խոստացել էր ազատել Ալեքսանին:

Նրանք հասան այն ամրոցին, որի ստորերկրյա խորշերում փակված էր օրիորդ Հռիփսիմեի անքուն գիշերների առարկան:

Նրանք անհամբեր սպասում էին նշանակյալ տեղում, երբ հայտնվեցավ պահապանը:

— Ո՞ւր է Ալեքսանը, — հարց արին նրանից:

— Ահա տանում են, — ցույց տվեց նա խավարի մեջ: Նրանք նշմարեցին երկու մարդ, որոնք տանում էին մի բան:

Նրանք մոտ գնացին և տեսան մի դիակ արյունով շաղախված:

Օրիորդը հառաչեց և ընկավ գետին...

***

Քանի օրից հետո, պատառոտած շորերը հագին, կիսամերկ և խառնված մազերով մի աղջիկ վազ էր տալիս դաշտերում: Ստեփանը կամենում էր բռնել նրան և չէր կարողանում: Աղջիկը վազեց, վազեց և վերջապես ընկավ մի թարմ հողադամբարանի վրա, ուր դրած էր անբախտ Ալեքսանի մարմինը:

Այդ աղջիկը դժբախտ Հռիփսիմեն էր: Խղճալին ցնորված էր արդեն...

ԳԵՂԵՑԻԿ ՎԱՐԹԻԿԸ

Ա

Ատրպատականի Ուրմի նահանգի հայաբնակ գյուղերից մինի մեջ յուր ընտանիքով բնակվում էր Հայրապետ անունով մի հայ մարդ:

Հայրապետը համարվում էր յուր դրացիների մեջ ամենահարուստը և բախտավորը, որովհետև նա ուներ՝ փոքրիկ, կավից շինված խրճիթ, երկու կթելու կովեր, մի զույգ եզն յուր արորը վարելու համար, չորս առողջ և բանվոր որդիք, նույն թվով հարսներ և մի հասուն աղջիկ, մի խոսքով, նա ուներ ավելի գործող ձեռքեր:

Գարնան գեղեցիկ և փափուկ առավոտներից մինն էր:

Արշալույսը դեռ նոր սկսել էր ոսկեզօծել յուր թշերը վարդի և քրքումի գույներով: Թռչունները դեռ նոր վերինչում էին իրանց վաղորդյան փառաբանությունը տիեզերքի ճարտարապետին: Անուշահոտ ծաղիկները դեռ նոր խնկում էին իրանց բուրմունքը բնության սրբարանի մեջ:

Գյուղի ժամատան զագաթից լսելի եղավ կոչնակի ձայնը:

Ծերունի Հայրապետը, վաղուց արդեն լվացված և հագնված, կանգնած էր խրճիթի բակումը: Բայց նա չշտապեց դեպի եկեղեցին, որովհետև նրան կոչում էին կյանքի ավելի ծանր և կարևոր հոգսերը, քան թե հոգու և կյանքի համար մտածելը:

— Խաչո՛, Մաթո՛ս, Պողո՛ս, Խուդո՛, — ձայն տվեց նա յուր որդիներին:

Քանի րոպեից հետո երևան եղան չորս տղամարդիկ, կապույտ գույնից զրկված կտավե արխալուղներով, որոնք ուսերի վրա սնացել էին քրտնքից. սպիտակ կտավե վարտիքներով, թաղիքե թեթև գդակներով, հոլանի բազուկներով, բոբլիկ ոտներով ու մերկ սրունքներով:

— Դու, որդի՛ Խաչո, — ասաց հայրը, — Խուդոյի հետ կլծես արորը և կերթաս այսօր վերջացնել օրավարը: Մաթոսը թող գնա խանի համար նրա անտառում փայտ կտրելու, որովհետև այդպես հրամայեց երեկ երեկոյան տանուտերը: Իսկ ես Պողոսի հետ կգնամ ջրելու բամբակի ցանքը, այսօր ջրի հերթը մերն է:

Լսելով հոր պատվերները, որդիքը դիմեցին ամեն մինը դեպի յուր գործը, իսկ ինքը՝ ծերունին, երեսը խաչակնքելով, Պողոսի հետ առին բահերը և գնացին դաշտը:

Դրանցից շատ առաջ զարթնել էին ծերունու պառավ կինը՝ Նազլուն, և նրա չորս որդիների հարսները, որոնցից մինը խրճիթն էր ավլում, մինը թոնրի մոխիրն էր հանում, մյուսը կովերն էր կթում, մինը քթոցի մեջ աթարներ էր բերում թոնիրը վառելու համար և նրանց կիսամերկ փոքրիկ զավակները, կամ կովերի հորթերն էին բռնած և կանգնել մորերի մոտ, որ թույլ չտան չար հորթերին ծծելը, կամ որը հասակով մեծ էր, գրկած պահում էր յուր մոր փոքրիկ երեխան, կամ օրորում էր նրա օրորոցը, չթողնելով երեխային յուր լացով մոր տնային գործերին արգելք լինելու:

Այդ միջոցին ջրի սափորն ուսին ներս մտավ մի հասուն աղջիկ: Դա ծերունու վերջին զավակը՝ օրիորդ Վարթիկն էր: Այդ ժիրը զարթնել էր ամենից առաջ և չորրորդ անգամն էր արդեն, որ ջրի սափորով դառնում էր հեռավոր աղբյուրից:

Արևը ծագեցավ:

Մի քանի անգամ ծանր կերպով զարկեցին խրճիթի դուռը: Եվ չսելի եղավ թուրքերեն լեզվով մի սպառնալի ձայն. — գյավուրներ, ինչո՞ւ է ուշանում ձեր բեգարը:

Դա գյուղատեր խանի ֆերրաշն էր, որ հրավիրում էր բեգարներին յուր աղայի բրնձի դաշտերում գործելու:

Դարձյալ զարկեցին դուռը և լսելի եղավ նույն սպառնալի ձայնը:

— Վարթիկ, բալաս, — ձայն տվեց օրիորդի մայրը խորին հոգոց հանելով, — այդ անիրավը դուռը կկոտրե, շուտ արա՛, գնա՛, մի ուշացիր... ա՜խ, ե՞րբ պիտի ազատվենք այդ բեգարներից... — հառաչանքով ավելացրուց նա:

Վարթիկը ոչինչ չխոսեց, հնազանդությամբ լսեց մոր խոսքը և առնելով ալաղի խշբիկը և մի քանի ցամաք հաց, մի կտոր պանիր, թաշկինակի մեջ փաթաթած, կապեց մեջքին և դուրս գնաց տնից :

Պառավ տատիկը, նստած թոնրի շրթան մոտ, ձգեց կրակը այդ նահապետական օջախի մեջ: Նրա խորշոմած և ցամաքած դեմքը տխուր էր որպես ավազ ուրբաթի գիշերը, նա դառն կերպով հոգվոց հանելով սկսավ հառաչել.

— Ա՜խ, բարի աստվածը հոգիներս է՜լ չէ առնում, որ ազատվենք այդ չարչարանքներից... Ի՞նչ է մեր կյանքը... Ի՞նչ բանի պետք է նա... միայն նրա համար պիտի ապրինք, որ տունով, տեղով, որդիներով և աղջիկներով բանենք և գործենք խանի համար... մեզանից ավելի բախտավոր չե՞ն արդյոք վայրենի անասունները. նրանք խան չունին, բեկ չունին, աղա չունին, նրանք ազատ են, նրանց առաջ միշտ բաց է աստուծո սեղանը...

Եվ արտասուքը խոշոր կաթիլներով սկսավ գլորվել պառավի ցամաքած աչքերեն:

Բայց Վարթիկը, դուրս գալով գյուղամեջը, գտավ այնտեղ հավաքված մի խումբ յուր հասակակից, իրանից մեծ և փոքր աղջիկներ, նա խառնվեցավ նրանց հետ և գյուղատիրոջ ֆերրաշը անասունների նման սկսավ քշել նրանց դեպի խանի բրնձի դաշտերը:

Բ

Վարթիկը էր տասն և յոթ տարեկան օրիորդ: Նա ուներ բարձր և ուղիղ հասակ, բնականից փափուկ, քնքուշ, սպիտակ բայց արևից այրված և գորշ թշեր: Նա ուներ սևորակ, նշաձև աչքեր, սև սաթի նման զանգրահեր գիսակ: Նա ուներ կցած աղեղնաձև հոնքեր և վարդի թերթիկների նման նուրբ, բայց արևից խանձված շրթունք:

Նրա սևուկ դեմքը կրում էր յուր վրա բոլոր անկեղծ և անխարդախ գեղեցկությունքը վայրենի գծագրության:

Նրա չթեղեն թերմաշ գունից և ծաղիկներից զրկված հագուստը ոչինչ չէին արգելում այդ գեղջուկ հավերժահարսին առաջին անգամից գրավել կարեկից տղամարդի սիրտը, որ այն փառազուրկ, աղքատ և անպաճույճ գոյության մեջ կարող էր նկատել դժբախտության տխուր պատկերը սիրո և գեղեցկության բոլոր վսեմություններով:

Նրա թեև բանելուց կոշտացած ձեռքերը, բոբիկ ման գալուց ճաքճքած և սևացած ոտքերը դեռ կրում էին իրանց մեջ մի գողտրիկ քնքշություն, որոնք առաջին նայվածքից ձգում էին կարեկից նայողի սրտում մի ցավալի ափսոսանք՝ թե ինչո՞ւ դրանք զոհվում էին ստրկական կյանքի վշտաբեր կարիքներին, թե մի այդպիսի գեղեցիկ ձեռքերը և ոտիկները, փայփայելով փափուկ կեցության մեջ, կարող էին գրավել միշտ գեղասեր երիտասարդի նուրբ ճաշակը:

Այսուամենայնիվ, Վարթիկը էր թագուհին յուր գյուղի աղջիկների մեջ, նրան կոչում էին գեղեցիկ Վարթիկ:

Ամեն առավոտ Վարթիկը ստիպված էր գնալ խանի մշակության դաշտերում գործելու: Այդ, կարծես թե, նրա ճակատագիրն էր, և նա հպատակվում էր դրան խոնարհությամբ...

Հասնելով բրնձի դաշտերին, վերակացու ֆերրաշը բաժանեց աղջիկների մեջ գործը, թե նրանցից ամեն մինը մինչև իրիկուն քանի ածու պիտի մաքրեր ավելորդ խոտաբույսերից:

Գործը սկսվեցավ: Աղջիկներից ամեն մինը մտան իրենց նշանակված ածուն և սկսան աշխատել:

Բայց Վարթիկը զարմացավ տեսնելով, որ յուր մաքրելու ածուն բավականին հեռու էր նշանակված յուր ընկերուհիներեն, այնպես որ նա, բաժանված աղջիկների խմբից, մնում էր միայնակ:

Հանկարծ, հանդիպակաց բլուրի հետևից երևան եղավ մի ձիավոր, փայլուն, խայտաճամուկ հագուստով: Նա կրում էր յուր աջի վրա մի բազե և նրա որսորդական բարակներր խորամանկությամբ սողում էին հունձի արտերի մեջ, լորերը թռցնելով:

Այդ գեղեցիկ որսորդը գյուղատեր խանի մանկահասակ որդիներից մինն էր: Նա մոտեցավ բրնձի դաշտին, ուր գործում էին աղջիկները: Վերակացու ֆերրաշը առաջ վազեց և բռնեց յուր տիրոջ ձիու սանձը և խորին կերպով գլուխ տվեց նրան: Խանի որդին վայր իջավ ձիեն:

— Դու կատարեցի՞ր իմ հրամանը, — հարցրուց խանզադեն յուր ծառայեն:

— Այո՛, տեր իմ, — պատասխանեց վերակացու ֆերրաշը, կրկին գլուխ տալով:

— Ո՞րն է նա:

— Ահա այն մենավոր աղջիկը, որ գործում է դաշտի հեռավոր անկյունում, — մատով ցույց տվեց ֆերրաշր Վարթիկին:

Խանի որդին մոտեցավ աղջիկներին, նրանք բոլորը դադարեցան գործելուց և խոնարհությամբ գլուխ իջուցին իրանց աղայի որդուն:

Նա զննեց նրանց գործը, գովեց նրանց աշխատասիրությունը, աղջիկներն ուրախացան, կրկին գլուխ իջուցին, իսկ նա բաժանվելով նրանցից, սկսավ դիմել դեպի այն կողմը, ուր գործում էր Վարթիկը:

Գեղեցիկ աղջիկը, ձեռքերով և ոտքերով թաթախված ցեխերի

մեջ, անդադար գործում էր: Բայց նրա դեմքը, նույն րոպեին շառագունված գործի տաքությունից, փայլում էր հիանալի գեղեցկությամբ:

— Բարաքալլա, բարաքալլա, — ասաց խանի որդին, մոտենալով գեղեցիկ օրիորդին: — Ինչ աշխատասեր աղջիկ ես դու...

Վարթիկը ոչինչ չպատասխանեց և խորին գլուխ տվեց յուր տիրոջը:

— Ո՞ւմ աղջիկն ես դու, — հարցրուց խանզադեն:

— Ձեր ծառայի, Հայրապետի աղջիկն եմ ես, — պատասխանեց օրիորդը:

— Ո՞րպես է կոչվում քո անունը:

— Վարթիկ:

— Ինչ հիանալի անուն է այդ, գեղեցիկ աղջիկ, հիրավի, Դիլ-գուշեի վարդերը ամաչեն քո սիրուն թշերի մոտ:

Օրիորդը ոչինչ չպատասխանեց և ավելի կարմրեցավ:

— Բայց ափսոս դու հայ ես և քրիստոնյա... — կրկնեց խանի որդին, ավելի զգալի նշանակություն տալով յուր խոսքերին:

Օրիորդը դարձյալ ոչինչ չպատասխանեց, միայն նրա մարմինը ցնցվեցավ մի անհնարին դողով, և նրա սիրտը զգաց խորին տհաճություն:

— Դու որքան գեղեցիկ ես իմ կարծիքով, այնքան ևս խելացի աղջիկ պիտի լինիս, — առաջ տարավ խանի որդին. — Դու համաձայնո՞ւմ ես, որ քո այժմյան վիճակը աննախանձելի չէ՛:

Օրիորդը դարձյալ լուռ էր: Վրդովմունքը արդեն սկսել էր խեղդել նրան:

— Ինչո՞ւ չես խոսում, — հարցրեց իշխանի որդին:

— Ես աղքատ աղջիկ եմ, տեր իմ, — պատասխանեց Վարթիկը դողալով:

— Բայց երևակայի՛ր, որ քեզ նման մի սիրուն աղջիկ կարող է լինել հարուստ, բախտավոր և միևնույն ժամանակ տիրուհին այդ գյուղի, որի դաշտերը ստիպված ես դու մշակել քո քնքուշ ձեռքերով:

Օրիորդը պատասխանեց խիստ ցավալի կերպով.

— Ինձ այդպես է ստեղծել աստված, տեր իմ:

— Դու սխալվում ես, դու կարող ես լինել բախտավոր:

— Ինչո՞վ, — հարցրուց օրիորդը, փոքր-ինչ համաձայնություն ստանալով:

— Եթե կընդունեիր մի առաջարկություն, — պատասխանեց խանի որդին:

— Ո՞րպիսի առաջարկություն, — զարհուրելով կրկնեց նա:

Խանի որդին ավելի մոտեցավ նրան և ասաց սիրահարվածի ոճով.

— Մի գեղեցիկ առաջարկություն — սիրել ինձ:

Օրիորդը սարսափեցավ և ոչինչ չպատասխանեց:

— Ինչո՞ւ չեք խոսում, — հարցրուց իշխանի որդին:

— Ես քրիստոնյա եմ, իսկ դուք թուրք, ինձ չէ կարելի սիրել ձեզ, — ասաց օրիորդը վճռական կերպով:

— Մերը խտրություն չէ դնում կրոնքների մեջ, գեղեցիկ օրիորդ, — պատասխանեց իշխանի որդին:

Օրիորդը ոչինչ չպատասխանեց:

— Քեզ ավելի լավ կլիներ և թուրքանալ, այն ժամանակ դու, բացի այդ աշխարհի բախտավորությունից, որ կվայելեիր իմ սիրով, և մասնակից կլինեիր մեծ մարգարեի (Մուհամմեդի) ջեննաթի երանություններին:

— Ոչինչ բախտավորություն, ոչինչ երանություններ չեն կարող բաժանել ինձ իմ հավատքեն, — պատասխանեց օրիորդը համարձակ կերպով:

— Այդ հիմարություն է, — արհամարհանոք ասաց երիտասարդը:

— Դուք այդպես համարեցե՛ք, միայն այդ իմ համոզմունքն է:

— Բայց ես կստիպեմ քեզ իմ առաջարկություններըը ընդունելու... — վերջացրուց խանի որդին բավականին խիստ կերպով:

Լսելով վերջին խոսքերը, օրիորդին բավականին պարզվեցավ խանի որդու միտքը, կարծես թե նա այլևս յուր աչքի առաջ չուներ յուր տիրոջ որդին, այլ խոսում էր մի լրբի հետ, որ առաջարկում էր նրան անպարկեշտ խոսքեր:

— Ուրեմն դու չե՞ս սիրում ինձ, — հարցրուց խանի որդին մի փոքր բորբոքվելով:

— Ոչ, — պատասխանեց օրիորդը համարձակ կերպով:

— Ինչո՞ւ:

— Որովհետև ես չեմ կարող սիրել ձեզ:

Խանի որդին դարձյալ ընդունեց յուր առաջին փաղաքշական ձևը և, ավելի մոտենալով նրան, մատով հեզիկ զարկելով օրիորդի վառված թշին, ասաց.

— Ախ, գեղեցիկ աղջի՛կ, դու ինձ սպանում ես...

Օրիորդը ետ քաշվեցավ, նրա աչքերը վառվեցան բարկությունից. նա ասաց ավելի պինդ ձայնով.

— Հեռացե՛ք, խնդրում եմ, եթե դուք թույլ կտաք ձեզ այդպես վարվել իմ հետ, ես այս րոպեիս կթողնեմ գործը, կվազեմ դեպի գյուղը և բոլոր ձեր խոսքերը կհայտնեմ իմ հորը:

Խանի որդին, բոլորովին ուշադրություն չդարձնելով այդ խոսքերին, ձեռքը գցեց օրիորդի թևքից, մոտ քաշեց նրան և կամենում էր յուր շրթունքը հպեցնել նրա թշերին:

Բայց օրիորդը դուրս պրծավ նրա ձեռքից, ձգեց գործը և կամենում էր վազել դեպի յուր ընկերուհիները:

Խանի որդին, նկատելով յուր նպատակի անհաջող վախճանը, բռնեց օրիորդին ասելով.

— Անմեղ աղջի՛կ, ես հանաք էի անում քեզ հետ. իմ խոսքերը դու բանի տեղ մի դնիր, ես ահա գնում եմ, դու շարունակե՛ք քո գործը:

Նա հեռացավ: Բայց օրիորդը, դեռ ոչ բոլորովին հանգստացած յուր վրդովմունքից, երկար մնաց անշարժ կանգնած և նրա սիրտը սաստիկ կերպով դողում էր:

Այդ տեսարանը չնկատեցին նրա ընկերուհի աղջիկներից և ո՛չ մինը, որովհետև նրանք բավականին հեռու էին:

Բայց խանի որդին մոտեցավ վերակացու ֆերրաշին, որ բռնած էր նրա ձիու սանձը, ոտքը դրեց ասպանդակի վրա, հեծավ, պատվիրելով նրան.

— Ահմե՛դ, այսօր երեկոյան պահուն աղջիկներին կարձակես սովորականից խիստ շուտ, իսկ ամենից հետո կարձակես Վարթիկին:

— Լսում եմ, տեր իմ, — ասաց ֆերրաշը գլուխ տալով:

Իշխանորդին հեռացավ:

Գ

Կեսօր էր:

Վերակացու ֆերրաշը հրամայեց աղջիկներին դադարել գործելուց և նստել ճաշելու: Նրանք լվացվեցան մերձահոս առվակի ջրով և խումբ-խումբ նստեցին մոտավոր ուռիների հովանու տակ, կանաչ խոտերի վրա, և ամեն մինը բաց անելով յուր հետ բերած հացը, սկսան ճաշել:

Իսկ Վարթիկը, յուր ընկերուհու՝ Նարգիսի հետ հեռացան մի ծառի տակ:

— Վարթիկ, դու ի՞նչ ես բերել տանից ուտելու, — հարցրուց Նարգիսը:

— Մենք այսօր ոչինչ չունեինք, քույրիկ, — ասաց Վարթիկը, — բերել եմ միայն մի կտոր պանիր և սոխ, հացի հետ:

— Ինձ առավոտը մայրս տվավ կարագ և սեր, միասին կուտենք, քույրիկ, — կրկնեց բարեսիրտ Նարգիսը:

Նրանք նստեցին ծառի տակ և ամեն մեկը բաց արավ յուր հացի թաշկինակը:

— Ձեր կովերը չե՞ն կթվում, — հարցրուց Նարգիսը:

— Մեր կարմիր կովը երեք շաբաթ է, որ ցամաքել է, կաթ չէ՛ տալիս: Մայրս ասում է, թե պառավ Գոզեն նազարլամիշ արավ (չար աչքով տվեց), գիտե՞ս նա ի՞նչ չար աչք ունի, Նարգիս:

— Ուֆ, նրա աչքը տրաքի, ափսոս չէ՛ր կարմիր կովը, — ցավելով խոսեց Նարգիսը: — Բայց, Վարթիկ, քույրիկ, մեր կովն էլ նազարլամիշ արին, ցամաքեցավ, կաթ չէր տալիս, մայրս գնաց տերտերի մոտ, մի վառյակ, տասն հատ ձու ընծա տարավ, տերտերը մի զորավոր գիր էր արած թղթի վրա, այն գիրը մայրս կաշու մեջ կարեց և քարշ տվավ կովի եղջյուրներից: Քո արևը, Վարթիկ, կաթը հենց այն օրը սկսեց աղբյուրի պես վազել:

— Այդ լավ է, Նարգիս ջան, ես էլ կասեմ մորս գնա տերտերի մոտ, գիր անել տա:

Այսպես խոսելով, երկու ընկերուհիները ուտում էին իրանց պարզ և աղքատիկ ճաշը: Միայն Նարգիսը նկատեց, որ Վարթիկի դեմքը այնօր գունատված և տխուր էր: Եվ զարմացավ, որ յուր ուրախ և զվարճախոս ընկերուհին այնօր յուր խոսքերին տալիս էր խիստ սառն և հատուկտոր պատասխան: Այգ պատճառով հարցրուց.

— Վարթիկ, ինձ երևում է, այսօր քո քեփը տեղը չէ՛ , դու խիստ գունատված ես:

— Այո՛, քույրիկ, մի փոքր վրդովված եմ, — ասաց Վարթիկը տխուր ձայնով:

— Ինչո՞ւ:

— Այն անիծված խանզադեն այսօր խիստ վշտացրուց ինձ:

— Ես տեսա, նա խոսում էր քեզ հետ, բայց ասա, ի՞նչպես վշտացրուց քեզ, — հարցրուց Նարգիսը անհամբերությամբ:

Վարթիկը պատմեց խանի որդու բոլոր խոսակցությունը յուր հետ: Նարգիսը զարմանալով լսում էր նրան, և նա, խոսքը դարձնելով դեպի խանի որդին, ասաց արհամարհանոք.

— Է՛հ, հողը քո գլխին. լա՛վ բան է մտածել...: Բայց, Վարթիկ, հոգի՛ս, — դարձավ նա դեպի յուր ընկերուհին, — չլինի որ նրա խոսքերից խաբվիս, թե չէ, հոգով և մարմնով կկորչիս, քույրիկ:

— Մի՞թե ինձ հիմար ես կարծում: Նարգիս, որ ես խաբվիմ նրա խոսքերից և ուրանամ իմ հավատը, — կրկնեց Վարթիկը:

Նարգիսը, որի մեջ խիստ անհանգստություն պատճառեցին ընկերուհու խոսքերը, կամեցավ ևս առավել պնդել նրա համոզմունքը, ասելով.

— Գիտե՛ս, քույրիկ, թուրքերի ամեն բանը մայրս ինձ շատ անգամ ասել է, նրանք մեռոն չունին, խաչ չունին, Ավետարան չունին: Մայրս ասում է, նրանց երեխաները չեն մկրտվում, դրա համար շատ վատ հոտում են: Մայրս ասում է, նրանց մեռելները գոռնազիզ են լինում:

— Ի՞նչ է նշանակում գոռնազիզ լինել, — ժպտալով հարցրուց Վարթիկը:

— Նշանակում է, որ մեռելները գիշերներով դուրս են դալիս գոռից (գերեզմաններից) և, շան լակոտների կերպարանքով, կանգնում են ճանապարհների վրա, հաչում են:

— Այդ դրուստ է, Նարգիս, — պատասխանեց Վարթիկը, — ես լսել եմ, որ մի գյուղացի մարդ գիշերով անցնելով գոռխանայի կողմից, տեսել էր մի շատ սիրուն շան լակոտ, առել էր նրան և բերել էր յուր տունը, դրել էր նրան մի կողովի տակ, որ առավոտյան կաթ տա, մեծացնի, բայց առավոտյան վեր առնելով կողովը՝ շատ զարմացել էր, տեսնելով պատանքած մի ահագին մեռել դրած էր կողովի տակին:

— Այդ ես էլ եմ լսել, — կրկնեց Նարգիսը: — Բայց դու գիտես դժոխքում ոպես են նրանց չարչարում:

— Գիտեմ, — պատասխանեց Վարթիկը, — ասում են նրանց բերաններում կրակում կարմրացրած երկաթե գերաններ են կոխում, և գլխներին նույնպես կրակում կարմրացրած երկաթե արախչիներ են դնում:

— Վա՜յ, վա՜յ և նրանց գլուխը էրվում է, ճզճզում է, էդպես չէ՞, — հարցրուց Նարգիսը սարսափելով, կարծես ինքը տեսնում էր մի այդպիսի երևույթ:

— Բա՛, քույրիկ, նրանք այրվում են, բայց մոխիր չեն դառնում, որ մնան ու երկար այրվին: Բայց քրիստոնյայի փառքը աբրքայության մեջ, գիտես, մայրս ինչպես էր պատմում, — առաջ տարավ Վարթիկը:

— Ասա՛, ասա՛, ի՞նչպես, — հարցրուց Նարգիսը:

Վարթիկը չկարողացավ պատասխանել, որովհետև վերակացու ֆերրաշը վրա հասավ և հրամայեց վեր կենալ և սկսել գործը:

Նրանք արդեն ավարտել էին ճաշը, լսելով վերակացուի սպառնալից խոսքերը, փաթաթեցին հացի մնացորդները թաշկինակի մեջ, և ամեն մինը գնաց յուր գործին:

Նույն ավուր երեկոյան պահուն աղջիկները իրանց գործը վերջացրին խիստ վաղ, որովհետև այն օր նրանց ամեն մինին բաժանված էր փոքր գործ:

Բայց Վարթիկը չկարողացավ վերջացնել նրա համար, որ այնօր նրան նշանակված էր մյուս օրերին համեմատելով բավականին շատ գործ:

Աղջիկները, վերջացնելով իրանց գործը, դեռ արևը չմտած, տուն գնացին: Բայց վերակացուն հրամայեց Վարթիկին մնալ այնտեղ, մինչև կվերջացներ յուր գործը և թողեց օրիորդի վրա հսկելու մի ծերունի թուրք, ինքը գնաց:

Մութը պատել էր աշխարհը, երբ Վարթիկը վերջացնելով գործը, առեց յուր խշբիկը և յուր քաղհան արած խոտերից մի քանի խուրձ կապեց, շալակն առեց, որ տանե իրանց հորթերի համար, և սկսավ դիմել դեպի գյուղ:

Անցնելով ձեռատունկ անտառի մոտից, օրիորդը նկատեց, որ յուր վրա հարձակվեցան մի քանի մարդիկ, մի թանձր քող ձգեցին նրա գլխին, աչքերը կապեցին և բերանը փակեցին աղլուխով, որ ձայն չհանե:

Սարսափը և երկյուղը բոլորովին ուշաթափ արեցին նրան, խեղճ օրիորդը անզգա ընկավ գետնի վրա: Հափշտակողները, դնելով նրան ձիու վրա, աներևութացան գիշերային խավարի մեջ:

Դ

Գյուղի խրճիթներում վառվեցան գիշերային ճրագները: Վարթիկի ծնողքը, նրա եղբայրները, անհանգիստ սպասում էին նրան, բայց նա դեռ չէր դարձել:

— Որդի, Խաչո, Մաթոս, — ձայն տվեց օրիորդի մայրը.— քա՞ր է ձեր սիրտը, ի՞նչ է, դե՛, մի գնացե՛ք, տեսեք ի՛նչ եղավ այդ ջրատար աղջիկը, այդչափ ուշացավ:

— Մայրիկ, ինչո՞ւ ես անհանգիստ լինում, — պատասխանեցին որդիքը, — կարելի է յուր ընկերուհիներից մինի մոտ գնացած լինի:

— Չէ՛, այդքան ո՛չ մի օր չէր ուշանում նա, — պատասխանեց մայրը չարագուշակ զգացմունքով: — Գնացե՛ք, նրա ընկերուհիներից հարցրե՛ք, իմացեք, ո՞ւր մնաց խեղճ աղջիկը:

Օրիորդի եղբայրները դուրս գնացին և սկսան դրացիների տներում հարցնել իրանց քրոջ մասին: Բայց ոչ մի տեղ չգտան նրան: Միայն նրա ընկերուհիները պատմեցին, թե նրանք թողեցին Վարթիկին բրնձի դաշտումը միայնակ, որովհետև նա դեռ չէր վերջացրել յուր օրական գործը:

Որդիքը իսկույն վազեցին դեպի տուն, այդ լուրը հայտնեցին ծնողքներին:

— Նրան պատահել է մի վտանգ, — ասաց ծերունի Հայրապետը, և յուր ցուպը առնելով վեր թռավ տեղից:

— Վա՜յ իմ Վարթիկս, — հառաչեց պառավ Նազլուն և վազեց դեպի դուրս:

Օրիորդի եղբայրները, նույնպես նախազգուշակելով մի չար դեպք՝ ծնողաց հետ միասին վազեցին դեպի բրնձի դաշտերը:

Գիշերային խորին լռության մեջ խղճալի ծնողաց և եղբայրների ձայնը հնչվում էր հեռու և հեռու խուլ դաշտերում, շրջակա բլուրներից լսելի էր լինում միայն նրանց ձայների տխուր արձագանքը, բայց նրանք չլսեցին երբեք գեղեցիկ Վարթիկի ձայնը:

Նրանք հասան բրնձի դաշտերին, ուր ցերեկով գործել էր նա, այնտեղ դարձյալ չգտան նրան:

Պառավ մայրը, իբրև մատակ առյուծ, որի բույնից խլել էին կորյունը, կատաղաբար սկսավ վազվզել դաշտերի մեջ: Նրա ծերունի ամուսինը հետևեց յուր կնոջը: Եղբայրները նույնպես ամեն մինը դեպի մի կողմ գնացին:

Լուսինը յուր գունավոր դեմքը ցույց տվեց թուխ ամպերի տակից: Գիշերային խավարը մի փոքր պարզվեցավ: Հանկարծ լսելի եղավ Խաչոյի ձայնը: Ամենքը դեպի այն կողմը վազեցին, Խաչոն կանգնած էր ձեռնատունկ անտառի մոտ, ուր պատահեցավ խղճալի օրիորդի հափշտակվիլը:

— Ահա՛ նրա նշանները, — ասաց Խաչոն, ցույց տալով գետնի վրա ընկած մի քանի առարկաներ:

— Այդ նրա խշբիկն է, այդ նրա ոտի տեղն է, ահա նրա հացի թաշկինակը... — գոչեց ծերունի Հայրապետը և ընկավ գետին...:

— Իմ Վարթիկս կորա՛վ... — հառաչեք պառավը և ուշաթափ ընկավ յուր ամուսնի գրկում: Սույն միջոցում Ուրմի քաղաքի մեջ, որ ավելի հեռու չէր այն գյուղից, ուր պատահեցավ այդ անցքը, մի հոյակապ ապարանքում, փառավոր կերպով լուսավորված էր մի սենյակ: Նրա լուսամուտները, զարդարված գույնզգույն ծաղկանկար ապակիներով, վառվում էին կախարդական փայլողությամբ: Խորասանու գեղեցիկ գորգեր, չինական հազվագյուտ ամաններ, բյուրեղային և բրոնզե կարասիք, ոսկի, արծաթ, գոհարներ, — բոլորը միախառնվելով, շնչում էին պարսկական կյանքի ճոխ և խայտաճամուկ շռայլությամբ:

Այդ սենյակի մի անկյունում կանգնած էր մեր ընթերցողին արդեն նախածանոթ կալվածատեր խանի որդին, մեծաշուք կերպով հագնված, և մի անկյունում կուչ էր եկած գեղեցիկ Վարթիկը, դեռ յուր հնամաշ, աղքատիկ հագուստով:

Խանի որդու առջև դրած էին զանազան տեսակի կանացի հագուստներ, ոսկեհուռ, կարված մախմուրից, ատլասից, քիշմիրյան շալից և նուրբ կերպասներից: Նա յուր ձեռքին բռնած ուներ մի գեղեցիկ օղամանյակ, որ վառվում էր զանազան գոհարներով, և ոսկի ապարանջաններ, բազկակապեր, մատանիներ և այլ կանացի զարդարանքներ, որոնք իրանց փայլողությամբ կուրացուցիչ էին:

— Գեղեցիկ աղջիկ, — խոսեց վերջապես խանի որդին, ցույց տալով հագուստների և պաճուճանքների վրա, — դոքա բոլորն պատրաստված են քեզ համար, սիրե՛ ինձ, և դու քանի րոպեից հետո կլինես թագուհին այդ փառավոր ապարանքի:

Վերջին րոպեի հուսահատությունը կարծես թե ոգևորել էր խեղճ օրիորդին, աներկյուղ համարձակությամբ նա ձեռքը տարավ պեպի յուր հնամաշ հագուստը, պատասխանեց.

— Ես բախտավոր եմ համարում ինձ միշտ այդպես աղքատ կերպով հագնվել, քան այդ փայլուն լաթերի համար, որ իմ աչքին ոչինչ են, սիրել քեզ:

Իշխանի որդու աչքերը վառվեցան վայրենի կատաղությամբ: Բայց նա դարձրուց յուր առաջին սառնասրտությունը և ասաց, մի սարսափելի ծիծաղ նկարագրած յուր երեսին.

— Գեղեցիկ օրիորդ, իզուր է քո բոլոր ջանքը՝ ընդդիմանալ իմ կամքին, դու այդ րոպեին քո բոլոր տկարությամբ իմ որսն ես, լսե՛ ինչ որ ասում եմ քեզ, ուրիշ ճար չունիս դու, բայց միայն սիրել ինձ...:

Օրիորդը աներկյուղ կերպով պատասխանեց.

— Ես երբեք չեմ կարող սիրել ձեզ:

— Դու չե՞ս սիրելու ինձ, — գոչեց երիտասարդը կատաղությամբ. — ես այս րոպեիս կհրամայեմ կտոր-կտոր անել քո մարմինը ևածել իմ բարակների և շների առջև, ես կհրամայեմ իմ սրիկաներիս՝ կոտորել քո ծնողքը, քո եղբայրները, ես իսպառ կջնջեմ քո ազգատոհմը աշխարհի երեսից...:

Օրիորդը բոլորովին ուրացել էր յուր անձը, նա յուր կյանքի համար չէր ափսոսում, բայց լսելով վերջին խոսքերը յուր ծնողաց և եղբայրների մասին, նա դողաց բոլոր մարմնով, երկու հակառակ զգացմունք նույն րոպեին սկսան պատերազմել նրա անմեղ սրտի մեջ, մինը՝ քնքուշ և փափուկ սերը դեպի յուր ծնողքը և եղբայրներր, իսկ մյուսը՝ զզվելի սերը դեպի իշխանի որդին: Նա խիստ ողորմելի ձայնով հարցրուց.

— Դու և իմ ծնողների ու եղբայրների վրա՞ էլ պիտի գործ դնես քու անգթությունը:

— Անտարակույս, եթե դու չսիրես ինձ:

Խղճալի օրիորդը չոքեց հատակի վրա, յուր արտասուքով լիքը աչքերը բարձրացրուց դեպի երկինք և գոչեց...: Իշխանի որդու սրտում ծագեցավ շառավիղը յուր ցանկալի հույսի: Նա մոտեցավ օրիորդին, բռնեց նրա թևից և վեր բարձրացրեց: Օրիորդը չդիմացավ: Նա նույն րոպեին գտնվում էր մի սարսափելի վրդովմունքի մեջ: Իշխանի որդին գրկեց նրան և կամենում էր յուր սրբապիղծ շրթունքը հպեցնել օրիորդի նույն րոպեին գունատված թշերին:

Հանկարծ, կատվի արագությամբ, սրընթաց որպես եղջերու, օրիորդը դուրս պրծավ իշխանի որդու գրկից և վազեց սենյակի մյուս ծայրը: Նա արդեն յուր ձեռքում ուներ օմելարի կեռ խենջարը, որ դուրս քաշեց իշխանի որդու գոտիից: Օրիորդի սևորակ աչքերը վառվեցան սարսափելի կրակով: Նա խիստ զգալի ձայնով գոչեց.

— Մա՛հը կազատե ինձ քո ձեռքեն...

Եվ օրիորդը խրեց յուր փափուկ կրծքի մեջ մահառիթ խենջարը:

Նա թավալվեցավ գետնի վրա: Տաք արյունը առվակի նման սկսեց հոսել նրա կրծքեն:

Իշխանորդին, սառած արձանի նման, երկար կանգնած նայում էր յուր զարհուրելի զոհի վրա: Նա կատաղաբար փետեց գլխի մազերը և գոչեց.

— Նա մեռա՛վ...

Նույն գիշերում քաղաքի բաղնիքների խողովակների (կլորակ) մինի մեջ ձգեցին արյունով ներկված մի դիակ:

Այդ անբախտ Վարթիկի մարմինն էր...:

ԿՈՒՍԱԳՐՈՒԹՅՈՒՆ

Ա

Ներկա թվականից կես և քառորդ դար առաջ էր:

Սեպտեմբեր ամիսը մոտենում էր յուր վախճանին:

Պարսկաստանի հայաբնակ գավառներից մինի մեջ Ս. գյուղը թեև աշնան ազդեցությունից մերկացրել էր յուր շքեղությունը, բայց դարձյալ պատկերացնում էր գեղեցիկ տեսարան. դեռաբույս սեզը նոր ցանված արտերի վրա ձգել էր յուր կանաչ թավշյա գորգը: Այգիներում ծառերի տերևները կորցնելով իրանց թարմությունը, ստացել էին կարմիրդեղնագույն երանգ: Իսկ խաղողի որթերը տակավին նկարվում էին իրանց սաղարթախիտ թփերով և հասունացած ողկույզներով: Արևի երեկոյան վերջալույսը, ձգելով ծառերի վրա յուր քրքմագույն շառավիղները, տվել էր առանձին դյութական բնավորություն մի այգիի, ուր նույն ժամուն, փոքրիկ տաղավարի մեջ, միայնակ գործում էր մի մանկահասակ օրիորդ:

Նա նմանում էր նույն ժամուն անտառային հավերժահարսներից մինին, որի գեղեցկությամբ կհափշտակվեր նույն ինքն Ապոլոնը, եթե հանդիպեր այնտեղ:

Նա խնամքով լցնում էր զանազան տոպրակների մեջ՝ ծիրանի, դեղձի, տանձի և շլորի չիրեր, որոնք չորացրել էր յուր տաղավարի առջև: Եվ միևնույն րոպեին նրա կուսական սիրտը լցված էր խիստ քաղցր զգացմունքներով, երբ մտածում էր. «Ես դրանցից ձմեռվա բաժին կուղարկեմ նրան»...:

Արևը հավաքելով յուր վերջին ճառագայթները, անհետացավ սարերի հետքում: Մութն սկսավ հետզհետե թանձրանալ: Օրիորդն սպասում էր յուր եղբորը, որպեսզի նրա հետ միասին գնային: Հանկարծ նա լսում է թփերի միջից խշխշոց, որ ուղղակի մոտենում էր դեպի նա:

— Մելքո՞ն, — ձայն տվեց նա եղբոր անունը:

— Ես եմ, — պատասխանեց օտար ձայնը և մի երիտասարդ հայտնվեցավ ստվերի միջից:

Լսելով ծանոթ ձայնը, օրիորդի սիրտն սկսավ սաստիկ կերպով զարկել, թեև եկվորը նրա եղբայրը չէր: Դա մի երիտասարդ էր մանկահասակ, գիշերային մթության մեջ նկարվում էր նա որպես մի հսկա, որ շողշողում էր զենքերով:

— Դո՞ւ ես, Թոմաս, ի՞նչ կա որ այդպես զինավորված ես դու, — հարցրուց օրիորդը:

— Շտապի՛ր, Նազանի, խոսելու ժամանակ չէ՛. շտապի՛ր գնա՛նք, փախչենք. քեզ սպառնում է վտանգ:

Օրիորդի սիրտն սկսեց դողալ:

— Ի՞նչ վտանգ, — հարցրուց նա շփոթվելով:

— Էգուց խանի կուսագիրները մեր գյուղը պիտի գան, շահին տանելու համար գեղեցիկ աղջիկներ ընտրելու: Եթե քեզ տեսնեն, դու հավիտյան կորած ես ինձ համար:

— Վա՜յ իմ գլխին, — նվաղեց օրիորդը և ընկավ երիտասարդի գիրկը:

— Շտապի՛ր, Նազանի, ժամանակը մեղ համար թանկ է, շտապիր գնա՛նք, այգիի դռանն սպասում են մեզ երկու ձիաներ, հեծնենք և փախչենք այս երկրից:

Օրիորդը չգիտեր ի՛նչ վճռեր:

— Ո՞ւր փախչենք, — հարցրուց նա:

— Հեռու, մեր սարերի մեջ ձգած են իմ քեռու հովիվների վրանները, գիշերային խավարը ձեռնտու կլինի մեզ և մինչև առավոտ քեզ այնտեղ կհասցնեմ, այնուհետև դու ազատված կլինիս:

Լուսինը վառեց յուր գիշերային լապտերը: Այգիի ծառերը փայլեցան կախարդական լուսով: Օրիորդը նկատեց երիտասարդի գունաթափ դեմքը. նա տեսավ, թե ո՛րպես արտասուքը գլորվում է նրա տխուր թշերի վրա:

Երիտասարդն ավելի ու ավելի թախանձում էր նրան:

— Լսի՛ր, Թոմաս, եթե աստված մեր ճակատին գրել է, թե մենք պատկանում ենք միմյանց, նա երբեք չէ բաժանելու մեզ, նա կկուրացնե կուսագիրների աչքերը, նրանք չեն տեսնի ինձ:

— Այդ ցնորք է, Նազանի, լսի՛ր, ինչ որ ասում եմ քեզ:

— Ես, Թոմաս, չեմ կարող իմ ծնողքը թողնել նախատինքի տակ, որ մեր գյուղի աղջիկները ծիծաղելով ասեն. «Նազանին յուր փեսայացուի հետ առուփախ գնաց»...:

Սույն միջոցին լսելի եղավ օրիորդի եղբոր՝ Մելքոնի ոտնաձայնը և Թոմասն աներևութացավ թփերի մեջ, որ Մելքոնը չտեսնե նրան յուր քրոջ հետ խոսելիս:

Երիտասարդը օրիորդի փեսայացուն էր, որի համար նշանված էր Նազանին:

Բ

Մյուս օրը առավոտյան Եղիսաբեթը, օրիորդի մայրը, արտասուքն աչքերում պատրաստում էր յուր աղջիկը կուսագիրների հանդեսը դուրս բերելու: Սարսափելի կերպով զարդարում էր նա թշվառ Նազանիին: Նրա ծաղկանկար չթեղեն ու կերպասյա զգեստի տեղ հագցնում էր նրան մուրացկանի հին, պատառոտած շորեր. նա անխնա կերպով կտրատում էր նրա ծամերի երկայն հյուսերը, որոնք հիանալի կերպով թափված էին օրիորդի շիտակ թիկունքի վրա: Նա կտրում էր նրա զանգրահեր զուլֆերը, որոնք սև սաթի օղակներով խաղ էին անում նրա վարդագեղ թշերի հետ: Այդ քնքուշ և փափկիկ թշերը օծանվում էին նույն րոպեին սև ձյութային հյութով և նրա դեմքն ստանում էր գորշ-բրոնզային գույն: Օրիորդը տգեղանում էր, այլանդակվում էր յուր չքնաղությունից...:

Այդ աղետալի պաշտոնը կատարելեն հետո մայրը նայեց դստեր վրա և դառն կերպով հոգոց հանելով ասաց.

— Ինչո՞ւ աստված քեզ գեղեցիկ ստեղծեց, ինչո՞ւ դու չմեռար քո խանձարուրի մեջ...:

Արտասուքը խեղդեց նրան: Նա երկրորդ անգամ յուր տխուր հայացքը ձգելով դստեր երեսին, հառաչեց.

— Ա՜խ, դու քո այլանդակության մեջ դարձյալ գեղեցիկ ես...:

Բայց օրիորդի սիրտը կարծես քարացել էր, ո՛չ մի կաթիլ արտասուք չէր երևում նրա՝ նույն րոպեում բոցավառված աչքերում, բայց երևում էր նրա կուսական սրտիկը վրդովվում էր սարսափելի խռովության մեջ: Նա դարձավ դեպի մայրը այսպիսի խոսքերով.

— Մայր իմ, դու ասացիր, թե ավելի լավ կլիներ, որ ես մեռած լինեի իմ խանձարուրի մեջ, այդպես չէ՞...

— Այո՛, — պատասխանեց Եղիսաբեթը տխուր կերպով, — գոնյա դու այսօր զոհ չէիր լինիլ անօրեններին...:

— Ուրեմն հեռացիր մի քանի րոպե:

— Ինչո՞ւ:

— Ես իսկույն կկատարեմ քո ցանկությունը, որին ես ինքս փափագում եմ...:

— Ի՞նչ ես խոսում:

— Ահա՛ իմ վերջին հույսը, — ասաց օրիորդը յուր աչքերը սարսափելի կերպով փայլեցնելով և դուրս բերեց փոքրիկ խենջարը, որ նա թաքցրել էր յուր ծոցում:

Մայրը հարձակվելով դստեր վրա, խլեց նորա ձեռքից զենքը:

Հանկարծ դռները շառաչմամբ ետ գնացին, ներս մտավ գյուղի զզիրը մի քանի ֆերրաշներով:

— Գյուղի աղջիկները բոլորը հավաքվել են, մի՛ ուշացրեք Նազանիին, — ասաց նա:

Նրանք տարան թշվառ զոհը դեպի ճակատագրական հանդեսը, իսկ Եղիսաբեթը արտասուքն աչքերում չոքեց գետնի վրա և սկսավ աղոթել...:

Գ

Գյուղի ընդարձակ հրապարակների մինի մեջ կարգով շարված էր աղջիկների խումբը՝ զանազան ազգերից և զանազան կրոնքներից: Նրանց մեջ կային հայեր, ասորիներ և հրեաներ: Տխուր և մռայլված դեմքերով կանգնած էին թշվառ զոհերը, կարծես նրանցից ո՛չ մինը գոհ չէր յուր վիճակից:

Այնտեղ թափված էր ժողովրդի խուռն բազմություն: Մայրերը լաց էին լինում և սուրբ աստվածածնին աղաչում: Հայրերը կրճտացնում էին իրանց ատամները և իրանց վիճակն անիծում:

— Թող սև լինի այսպիսի օրը, — ասում էր նրանցից մինը:

— Այս ի՛նչ կյանք է, — խոսում էր մյուսը. — մեր տունը, տեղը, կայքը և մինչև անգամ ընտանիքը, բոլորը պատկանում են խանին...:

— Ինչո՞ւ չենք մեռնում մենք, — լսելի էր լինում մի այլ ձայն:

— Ստրկի վիճակն այսպես է, — վերջացնում էր մյուսը:

Հանդիպակաց փողոցից երևան եղան խանի խոջաբաշին (ներքինապետը) յուր ֆերրաշներով: Բոլորը լռեցին:

Խոջաբաշու կողքին գալիս էր մի բարձրահասակ մարդ, երկայն մորուքով և փառահեղ կերպարանքով: Դա հայերի մելիքն էր:

— Իզուր եք դուք աշխատ լինում, աղա՛, — ասում էր նա

խոջաբաշուն. — հայերի մեջ ո՞վ է տվել գեղեցիկ աղջիկ, որ պատշաճ լիներ շահին ընծա տանելու:

— Ընդհակառակն, այդ գյուղի գյուզելները (գեղեցկուհիները) ամեն տեղ գովասանված են, — պատասխանեց խոջաբաշին:

— Երդվում եմ ձեր պատվական գլխով, որ այդ սուտ է:

— Կստուգենք այժմ...:

Մելիքը տեսնելով, որ ոչինչ կերպով չկարողացավ համոզել նրան, մոտեցավ նրա ականջին և ինչ-որ փսփսաց:

— Ո՛չ մի բանի համար ես չեմ կարող իմ տիրոջս հրամանը դավաճանել, — բացասական կերպով պատասխանեց խոջաբաշին: Հուսահատությունը տիրեց խեղճ մելիքին:

Նրանք մոտեցան խեղճ աղջիկների խմբին. խոջաբաշին սկսեց անցնել նրանց շարքի առջև և մին-մին հետազոտում էր նրանց գեղեցկությունը:

Նա որոշեց նրանց միջից երկու աղջիկ միայն, որոնց մինն էր հրեա, իսկ մյուսը՝ հայ: Վերջինը օրիորդ Նազանին էր:

Սույն միջոցին մի կնոջ սիրտը թուլանալով՝ ընկավ բազմության մեջ: Դա էր օրիորդի մայր Եղիսաբեթը:

Արծվի արագությամբ, նստած սրընթաց նժույգների վրա, հանկարծ թափվեցան չորս զինավորված տղամարդիկ: Նրանք հագնված էին քրդի ձևով, և երեսները կապված էր թաշկինակով: Նրանք հարձակվեցան կուսագիրների վրա, ֆերրաշներն ընդդիմացան. սուրերը փայլեցին և մի քանիսը, պարսիկներից գետին գլորվելուց հետո, խլեցին Նազանիին և աներևութացան մերձակա սարերի հետքում:

Քանի րոպեից հետո Ս... գյուղը կորավ ծխի մեջ և հրդեհն սկսեց ճարակել խեղճ շինականների խրճիթները:

— Խանի բարկության պատիժը լրացավ...:

Մի ամսից հետո, Տաճկաստանի Մոկաց աշխարհի գյուղերում, փոքրիկ մատուռի մեջ, սեղանի առջև ուրախ դեմքերով կանգնած էին հարս ու փեսա: Շինական քահանան կատարում էր նրանց պսակը: Ամուսնացուներից մինը Թոմասն էր, մյուսը օրիորդ Նազանին, իսկ խաչեղբայրը՝ փեսայի մտերիմ ընկերը — Սարգիսը: Այդ ուրախալի հանդիսին ներկա էր հարսի քաջասիրտ եղբայրը՝ Մելքոնը...:

ՄԻ ՕՐԱՎԱՐ ՀՈՂ

Բոլորակ դաշտի մեջ, ուր ցրված էին շատ գյուղորայք, գեղեցիկ-կանաչազարդ անտառի միջից հպարտ կերպով վեր էր բարձրացել մի հոյակապ ամրոց, որ յուր մինարեթներով, աշտարակներով և սուր-սուր ժանիքավոր պարիսպներով, արտահայտում էր ասպետական փառքը նրա բնակվող իշխանի:

Այդ ամրոցը, յուր մարմարյա ջրբուխներով, գույնզգույն ապակեզարդ սենյակներով, մշտականաչ տունկերով և ծաղիկներով հովանավորված ճեմելիքներով, խիստ պատշաճավոր կերպով հարմարեցրած էր պարսկական գեղասեր ճաշակի շռայլությանը:

Ամրոցը պատկանում էր Րիզա-բեկին:

Ամրոցի մոտ գտնվող գյուղի հայ կանայքը և աղջիկները վաղ առավոտյան խումբ բով այնտեղ էին գալիս պարտեզները մաքրելու ավելորդ խոտաբույսերից: Եվ ամրոցի մանկահասակ իշխանը շատ անգամ հանաքներ էր անում և զվարճանում էր նրանց հետ;

Մի առավոտ, երբ գործում էին կանայքը, հանկարծ հայտնվեցավ Րիզա-բեկը: Նա, պտույտ տալով ճեմելիքներով, մոտեցավ այն ածուին, ուր միայնակ աշխատում էր մի մանկահասակ կին:

— Ո՞ւմ կինն ես դու, — հարցրուց բեկը քաղցրությամբ:

— Ձեր ծառայի, Մարտիրոսի կինն եմ, — պատասխանեց նա կարմրելով:

— Ի՞նչու այդպես վատ հագնված ես դու:

— Աղքատի հագուստը այդպեսէ, տեր իմ:

— Ահա՛ քեզ արծաթ, նոր հագուստներ գնի՛ր քեզ համար, — խոսեց բեկը, առաջարկելով մի քանի ոսկի դրամներ:

Սոնան — այդպես էր կնոջ անունը — շփոթվեցավ:

— Ընդունի՛ր այդ ոսկիները, — կրկնեց բեկը:

— Ի՛նչ պետք է, տեր իմ, ինձ նոր հագուստը, երբ ես ամեն օր մշակության մեջ եմ ապրում, — պատասխանեց Սոնան հրաժարվելով:

— Ես կիրամայեմ քեզ չաշխատացնել մշակության մեջ, և քեզ միջոցներ կտամ ապրելու, որպես մի տիկին:

— Ես չեմ կարող չօգնել իմ տղամարդին:

— Դրանից էլ նույնպես կազատեմ քեզ:

Կինը ոչինչ չպատասխանեց:

— Չե՞ս ընդունում այդ ոսկիքը:

— Չեմ կարող:

— Ինչո՞ւ:

— Այնպես, չեմ կարող...

***

Սոնան և յուր ամուսին Մարտիրոսը աղքատ գյուղացիք էին: Նրանց բոլոր հարստությունը բաղկացած էր մի զույգ այծերից, որոնց կաթով ապրում էին նրանք, մի ճախարակից, որով Սոնան բամբակի թելեր էր մանում վաճառքի համար, և մի բահից, որ ամեն օր վաղ առավոտյան Մարտիրոսը, ուսին դրած, դնում էր դեպի գյուղամեջը, և այնքան վիզը ծռած կանգնում էր այնտեղ, մինչև նրա դրացիներից մինը, մի քանի ապասի վճարելով, վարձում էր նրան և ամբողջ օրը բանեցնում էր յուր մշակության դաշտերում:

Այդպիսի դառն աշխատությամբ դարձյալ գոհ էին նրանք, երբ կարողանում էին իրանց խրճիթի մեջ հանգիստ քուն վայելել: Իսկ այդ բախտը խիստ սակավ էր հաջողվում նրանց:

Մի օր Մարտիրոսին յուր մոտ կանչեց գյուղատեր խանի որդին՝ Րիզա-բեկը, որ յուր հոր վախճանից հետո կառավարում էր նրա կալվածքները:

Երկյուղից խեղճ գյուղացու շունչը կտրվեցավ, մինչև խանի որդու մոտ հասնելը, բայց տեսնելով նրա ուրախ դեմքը, մի փոքր ոգի ստացավ, և մինչև գետին խոնարհվելով, երկրպագեց նրան:

— Ի՞նչ գործով պարապում ես դու, Մարտիրոս, — հարցրեց նրանից Րիզա-բեկը:

— Աղքատի պարապմունքը ինչ պետք է լինի, աղա, ոտացդ մոխիր դառնամ, օր դադում եմ, օր ուտում եմ, — պատասխանեց գյուղացին կրկին գլուխ տալով:

— Դու ուժեղ և առողջ մարդ ես, Մարտիրոս, դու կարող ես ունենալ քո արորը և օրավարը, որ պարապես հողագործությամբ:

Մարտիրոսը, չդադարելով գլուխ տալուց, պատասխանեց. — ես աղքատ մարդ եմ, աղա, քեզ մատաղ դառնամ:

— Հիմար, — հպարտությամբ գյուղացու խոսքը կտրեց բեկը, — իմ հպատակ հայերից ո՞վ է հարուստ, բայց ես տալիս եմ նրանց հող, սերմ և ամեն պարագայք, որոնք հարկավոր են վարուցանքի, և նրանք դրանով ապրում են:

— Դուք միշտ ողորմած եք դեպի ձեր ծառաները, տեր իմ:

— Ես քեզ նույն նպատակով կանչեցի ինձ մոտ: Ես գիտեմ, որ դու աշխատավոր մարդ ես, չեմ կամենում, որ աղքատ ապրես, գնա տանտիրոջ մոտ, ես հրամայում եմ նրան տալ քեզ բոլոր պիտույքները վարուցանքի համար:

— Աստված քեզ երկար կյանք տա, աղա, աստված իմ կյանքից կտրե ձերի վրա ավելացնե, — ասաց գյուղացին և շնորհակալությամբ հեռացավ:

***

Գարնան սկիզբն էր:

Մարտիրոսի երգի ձայնը արդեն լսելի էր լինում դաշտից, ուր նա հերկում էր յուր օրավարը:

Քանի շաբաթից հետո նրա ցանքը սկսավ բուսնել, կանաչել և աճել, բայց նրա հետ աննկատելի կերպով աճում և բազմանում էր տոկոսը նրա պարտատոմսակի, որ տվել էր նա խանի որդուն:

Անցավ ամառը, եկավ աշունքը: Մարտիրոսը հնձեց յուր արտը, կալը կալսեց և զուտ ցորենի շեղջը կիտած էր նրա կալի մեջ: Նա ուրախությամբ նայում էր յուր հունձքի պտղաբերության վրա, չմտածելով, որ այդ չէր պատկանում նրան:

Եկավ կալվածատիրոջ գործակալը, ցորենը չափեց, տասանորդը վեր առավ որպես հողի վարձ, մի մասը վեր առավ դիվանի տուրքի փոխարեն, մի մասը վեր առավ իրանց սերմի փոխարեն, մի մասը վեր առավ նրա պարտքի տոկոսի փոխարեն, կալի մեջ մնաց միայն հարդը և այնքան ցորեն, որ չէր բավական խեղճ երկրագործի նույն ձմեռվա ապրուստին:

Կոտրած սրտով խեղճ աշխատավորը դարձավ յուր տունը:

— Ինչո՞ւ այդպես տխուր ես դու, — հարցրուց նրա կինը:

— Այնպես, քեփս տեղը չէ,... — պատասխանեց Մարտիրոսը:

— Ասա՛, ի՞նչ է պատահել, հիվա՞նդ ես, ինչ է:

— Էհ, էլի, ի՜նչ պետք է լինի, ամբողջ տարին աշխատեցի, մաշվեցա, վերջապես էլի դատարկ մնացի:

Եվ Մարտիրոսը պատմեց յուր կնոջը, թե որպես այն օր կողոպտեցին իրան:

— Գոնյա՛ պարտքդ թափեցի՞ր, — հարցրուց կինը:
— Պարտքը մնաց էլի այնպես, որպես կար, — պատասխանեց Մարտիրոսը խորին հոգոց հանելով:
— Հիմա ի՞նչ պետք է անես:
— Տեսնենք, գուցե եկող տարի, աստված հաջողե, կարողանամ աշխատել և տալ:
Անցան մի քանի գարուններ, անցան մի քանի աշունքներ:
Գյուղից դուրս, յուր փոքրիկ երեխան կուրծքին սեղմած կանգնած էր Սոնան: Նա, արտասուքը աչքերում, ճանապարհ էր դնում յուր ամուսինը դեպի օտար աշխարհ:
— Կգնամ, Սոնա, երկրե երկիր ման կգամ, կմաշվեմ, կտրորվեմ, փող կվաստակեմ և կազատեմ քեզ և իմ երեխան պարտատերից, — ասաց խեղճ գյուղացին և, համբուրելով յուր տղի երեսը,հեռացավ դեպի պանդխտություն:

***

Մութ գիշեր էր:
Միայնակ և տխուր յուր խրճիթում նստած էր Սոնան, նա անհամբերությամբ սպասում էր յուր եղբորը՝ Ղազարին, որ ամեն գիշեր գալիս էր այնտեղ քնելու, յուր քրոջը միայնակ չթողնելուհամար:
— Ա՜խ, ի՜նչ եղավ, չեկավ, նա այսքան չէր ուշանում... — ասաց կինը անհամբերությամբ:
Նույն ժամուն մի քանի սև կետեր, ուրվականների նման, պտտվում էին Սոնայի խրճիթի չորս կողմով:
— Դու, Ջաբար, — ասաց նրանցից մինը հազիվ լսելի ձայնով, — դու հայերեն իմանում ես, մոտեցի՜ր դռանը, թխկացրու և ձնացրու քեզ, որպես թե Ղազարն ես, որին քանի րոպե առաջ ձորը գցեցինք:
Ջաբարը դիմեց դեպի խրճիթը:
— Իսկ դուք, Ապպաս, Նասիր, — ասաց միևնույն ձայնը, — դռանը հսկեցեք, եթե օքմին գալու լինի, ձեր խենչարներով իսկույն կհանգստացնեք:
Սոնան լսեց դռան թխկթխկոցը: Նրա ամբողջ մարմնի մեջ դող ընկավ:
— Ո՞վ է, — ձայն տվեց նա:
— Բա՜ց արա, — լսելի եղավ, կարծես թե Ղազարի ձայնն էր:

Սոնան ուրախությամբ բաց արավ դուռը, բայց սարսափը տիրեց նրան, երբ խրճիթում հայտնվեցավ մի մարդ՝ ոտքից գլուխ փաթաթված սև վերարկուի մեջ: Նա ձգեց իրանից վերարկուն, և կինը իսկույն ճանաչեց Րիզա-բեկին:

— Ես հույս ունեմ, որ դու այնքան բարի կլինես, Սոնա, որ լավ կհյուրասիրես քո գիշերային այցելուին, — ասաց նա դառնալով դեպի կինը:

Սոնան թեև դողում էր զարհուրանքից, բայց հավաքելով յուր բոլոր ուժը, պատասխանեց.

— Դուք ի՛նչ գործ ունեք գիշերային այդ ժամուն, միայնակ, անտեր կնոջ խրճիթում:

Երիտասարդը ավելի մոտեցավ նրան:

— Սերը, Սոնա, սերը, գիտե՛ս ի՞նչ բան է, սերը բերավ ինձ այստեղ:

— Սե՛րը... — կրկնեց կինը պինդ ձայնով, — սերը բերավ քեզ այն կնոջ խրճիթը, որ սաստիկ ատում է քեզ:

— Ինձ... դու... ատում ե՞ս... ի նչ առիթ ունեիր ինձ ատելու:

— Առիթներ շատ... դու խաբեցիր իմ ամուսնուն և ծանր պարտքի տակ գցեցիր նրան, դու ստիպեցիր նրան թող տալ յուր ընտանիքը խղճության մեջ և դեպի օտար աշխարհ դիմել:

— Այդ բոլորը ես արեցի դարձյալ քո սիրո համար... ես արեցի, որ կարողանամ նրան հեռացնել քեզանից...

— Հեռացնել նրա՞ն, որին երբեք ես չեմ կարող մոռանալ:

Երիտասարդը երկար չխոսեց, մոտեցավ, գրկեց յուր զոհին: Բայց կինը սարսափելի արիությամբ խլեց պարսկի խենջարը և խրեց նրա կուրծքի մեջ: Նա թավալվեցավ գետնի վրա: Իսկ Սոնան, օրորոցից առնելով յուր երեխան, խրճիթի մյուս դռնով դուրս թռավ և արծվի արագությամբ աներևութացավ գիշերային խավարի մեջ:

***

Նեղ ձորի միջով միայնակ փախչում էր Սոնան դեպի մերձակա գյուղը:

Փոքրիկ տղան, որ սեղմել էր յուր կուրծքին, ցավալի կերպով ճչում էր:

Նա նկատեց մերձակա լեռան կողքին լույսի նշույլներ և սկսեց դիմել դեպի այն կողմը:

— Վերջապես հասա, — ասաց նա մի փոքր ոգևորվելով, մոտեցավ մի խրճիթի դռանը և սկսավ զարկել նրան:

Ճրագը ձեռին դուռը բաց արավ մի ծերունի և, տեսներվ անակնկալ հյուրին, սարսափելով գոչեց.

— Վա՜հ, Սոնա, դու ես...

— Ես եմ, — պատասխանեց կինը և ներս մտավ:

Ծերունին նրա հայրն էր: Քանի րոպեից հետո ամբողջ գերդաստանը զարթնեցան և շրջապատեցին Սոնային՝ գիտենալու նրա այդպիսի անակնկալ գալստյան պատճառը:

— Արյո՜ւն... — կոչեց ծերունի հայրը զարհուրելով:

— Ես մարդ սպանեցի, — ձայն տվեց Սոնան:

Հանկարծ ներս մտան սպանվածի ծառաները և բռնեցին բոլորին:

— Մենք կորա՜նք... կոչեցին բոլորը միաձայն...

ՈՒԽՏՅԱԼ ՄԻԱՆՁՆՈՒՀԻ

Ա

Չոր քարափի կուրծքին կպած էր մի շինվածք, որ յուր ատամնավոր պարիսպներով և կիսավեր աշտարակներով ավելի նմանություն էր բերում մի հին ամրոցի, որի իշխանը վաղուց ընկել էր յուր փառքից, ուր բաժակները դադարել էին փրփրելուց, երգերի, նվագների հնչյունները լռել էին և պարահանդեսների ասպարեզը մնացել էր բուերին և չղջիկներին...

Ավելի ուշադրությամբ նայելիս՝ առաջին տպավորությունները փոքր առ փոքր անհետանում են: Տեսնվում են խաչազարդ գմբեթներ, լսելի է լինում զանգահարության խուլ — մելամաղձական ձայնն, որի արձագանքը դողդոջուն հնչյուններով տարածվում է հեռու և հեռու լեռների մեջ...

Այստեղ միանձնուհիների նվիրական մի սրբարան է: Գիշերային խավարը տիրել էր աշխարհին:

Փոքրիկ խուցի մեջ աղոտ լուսով վառվում էր մի ճրագ, որ դրած էր հասարակ փայտե գրասեղանի վրա: Նրա հանդեպ նստած էր մի պառավ կին ոտքից գլուխ սև հագնված. դա կուսանոցի մայրապետն էր: Նա կարդում էր նույն ժամուն մի աղոթագիրք:

Դռան ճռռոցը խլեց մայրապետի ուշադրությունն յուր կարդացած գրքից: Հայտնվեցավ մի ավելի մանկահասակ կուսան:

— Ի՞նչպես է զգում իրան նորընծա միանձնուհին, — դարձավ նա դեպի եկվորը:

— Ջերմն ավելի սաստկացած է, — պատասխանեց նա, — ամենևին հանգստություն չունի, անդադար կրկնում է միևնույն խոսքերը...

Մայրապետն շտապեց դեպի հիվանդի խուցը:

Մահճակալի վրա պառկած էր մի պատանեկուհի, նա տանջվում էր նույն րոպեին ջերմախտական ցնորքներով: Մահվան դեղնությունը պատել էր նրա քնքուշ դեմքը և սևորակ աչքերի մեջ, որ երբեմն բաց էր անում, աղոտ նշույլներով փայլում էր մարած կյանքի վերջալույսը:

«Օսեփ ջան, Օսեփ ջան, քո հոգուն մատաղ... ազատի՛ր ինձ... տա՛ր, ուր որ ուզում ես... ես կգամ քեզ հետ»...: Այդ խոսքերը լսվում էին մերթ ընդ մերթ հիվանդի բերանից:

Մայրապետը նստավ նրա մահճի մոտ և խորին տխրությամբ լսում էր այդ խոսքերը, խոսքե՛ր, որոնք բխում էին խորտակված սրտի փլատակներից...

Հայտնվեցավ մի կարճահասակ տղամարդ՝ ակնոցներով: Նրա առաջին հոգատարությունից երևում էր, որ բժիշկ էր: Նա հիվանդը քննելուց հետո, դարձավ դեպի մայրապետը, սկսավ հարցնել նրա նույն ավուր դրությունից:

— Առավոտյան նա բոլորովին ուշի եկավ, — ասաց մայրապետը, — մեզ ամենիս ճանաչում էր և պարզ խոսում էր: Հանկարծ երևակայությունը դարձյալ խառնվել սկսեց, երբ նայեց մեզ վրա: Կարծես, իրան շրջապատող առարկայքը սարսափելի տպավորություն են գործում նրա վրա և ծնեցնում են նրա մեջ մի վրդումունք, որ մեր ամենիս անհասկանալի է...

— Ի՞նչպես էր նա հիվանդությունից առաջ, — հարցրուց բժիշկը:

— Այն օրից, երբ նրան կուսանոցը բերին, նա միշտ լուռ էր և տխուր: Ժպիտ, ծիծաղ ասած բաները մենք երբեք չէինք նկատում նրա դեմքի վրա: Պատահում էր, որ նա սեղանից հեռանում էր առանց մի պատառ հաց ուտելու, պատահում էր, որ ամբողջ ժամերով նա չէր երևում. մենք նրան գտնում էինք առանձնացած յուր խուցի մեջ, կամ լաց էր լինում, կամ նստած խորին մոռացության մեջ տխրում էր և հալումաշ լինում: Պատճառները մեզ հայտնի չէին, ես կարծում էի, թե խղճի խայթը այդպես տանջում էր նրան և զղջացած սրտի ցավերով մաշվում էր նա...

— Հիվանդի ցավը բարոյական է, — պատասխանեց բժիշկը կանգնելով, — երևում է, նա ընդդեմ յուր կամքին այստեղ բերված է: Նրա ծնողները պետք է շուտով հեռացնեն նրան կուսանոցից, եթե չկամեին մեռցնել իրանց աղջիկը:

Բժիշկը մի քանի պատվերներ տալուց հետո հեռացավ:

Բ

Թոմաս Խորենյանն — այդպես էր բժշկապետի անունը — մի գյուղացի աղքատ մարդու որդի էր, նա յուր տասներկու տարեկան հասակում Թ. քաղաքը բերվեցավ, և ազգային դպրոցը հանձնվեցավ որպես թոշակավոր աշակերտ: Այնուհետև մտնելով տեղային արքունական ուսումնարանն, ավարտեց որպես ամենաընդունակ աշակերտներից մեկը, որի համար տերության ծախսով համալսարան ուղարկվեցավ: Նա դուրս եկավ համալսարանից ստանալով, որպես արգասիք յուր հինգ տարվա անխոնջ աշխատության, դոկտորի տիտղոսը: Վերադառնալով հայրենիքը, դոկտոր Խորենյանը չմնաց այնտեղ, որովհետև հայրենի երկրի անշուք կյանքը նրան ձանձրացնում էր, այլ շուտով Թ... քաղաքը վազեց երկու նպատակով, մինն՝ յուր համար լավ ասպարեզ տնօրինելու, մյուսը՝ մի հարուստ աղջկա վրա պսակվելու մտքով: Այդ ցանկություններին հասնելու ուղին հարթելու համար ոչինչ չէր արգելում պարոն բժշկապետին յուր ժամանակից մի քանի ժամեր զոհել ազգային գործերին: Դրանցից մինն էր կուսանոցի մեջ հիվանդների հոգատարությունը ձրի ընդունելը: Դեռ նոր եկած լինելով այդ քաղաքն, յուր այն գիշերվա հիվանդի ով կամ ում զավակ լինելը բոլորովին անհայտ էր նրան: Բայց հիվանդի կյանքի և նրա անցյալի մեջ նա թաքնված էր գտնում մի գաղտնիք, որի լուծելը նրան շատ և շատ հետաքրքրում էր: Այդ խորհրդածության մեջ կամենում էր նա կուսանոցի դռանը սպասող կառքը նստել, երբ մի ձայն կանգնեցրեց նրան.

— Պարոն բժշկապետ, ներեցեք ինձ հարցնել հիվանդ օրիորդի դրության մասին, որի մոտ դուք այցելություն ունեիք:

Կուսանոցի դռանը վառվող ֆանարի լուսով բժշկապետը նըշմարեց մի երիտասարդի տխուր և շնորհալի կերպարանքը:

— Հիվանդի դրությունը բոլորովին հուսահատական է, — պատասխանեց Խորենյանը դառնալով դեպի անծանոթն. — եթե շուտով պետք եղած հնարները գործ չդրվին, նա կորած է...

Երիտասարդը քարացավ, սարսափի նման մի բան վազեց նրա գունատ դեմքի վրա:

Բժշկապետն իսկույն նկատեց յուր խոսքերի ցավալի տպավորությունն անծանոթի վրա, և զղջալով այնպես հանկարծակի նրան վրդովվելու համար, հարցրուց.

— Դուք երևի հիվանդի ազգականն եք:

— Ո՜չ, ես նրա ծանոթն եմ միայն... — պատասխանեց երիտասարդը տխրությամբ:

— Ուրեմն և ծանոթ կլինեք նրա կյանքի և անցյալի հետ:

— Բոլորովին...

— Ուրեմն ներեցեք ինձ հարցնել ձեզանից մի քանի բան հիվանդի մասին, որոնք իբրև բժիշկ պետք է ինձ գիտենալ:

— Ես բոլորովին պատրաստ եմ լցուցանել ձեր հարցասիրությունն, եթե այդ օգուտ կբերեր նրան:

Բժշկապետը սեղմեց երիտասարդի ձեռքն ի նշան յուր շնորհակալության և խնդրեց նստել կառքը ասելով.

— Գնանք ինձ մոտ, ես այստեղ մոտիկ եմ կենում:

Նրանք նստեցին: Կառքի մեջ անդադար հարցնում էր երիտասարդը. — ուրեմն ոչ մի հույս չկա՞...

— Կյանքը մի մազաչափ պատճառով կարող է վերադարձնեք յուր զորությունը, — ասում էր բժշկապետը տեսնելով, որ երիտասարդը շատ անհանգիստ է:

Քանի րոպեից հետո կառքը կանգնեցավ մի փոքրիկ տան հանդեպ, շուտով նրանք մտան մի հասարակ կերպով կահյալ սենյակ:

— Ո՞ւմ հետ պատիվ ունեմ ես, — եղավ բժշկապետի առաջին հարցմունքը:

— Ես կոչվում եմ Հովսեփ Արեսյան, — պատասխանեց երիտասարդը, — մնացածը դուք ինքներդ կգիտենաք:

Նրանք նստեցին միմյանց շատ մոտ կիսաթախտի վրա: Բժշկապետը մանրամասնաբար պատմեց, թե որպես նա գտել էր հիվանդին, նկարագրեց նրա դրությունը, հայտնեց այն խոսքերն, որ լսել էր մայրապետից, և վերջացրեց յուր խոսքը նրանով, թե օրիորդի հիվանդության պատճառը նա գտնում էր մի բարոյական հարվածքի մեջ:

Բոլոր այդ խոսքերը լսելու միջոցին երիտասարդի դեմքի արտահայտությունները բացատրում էին խորին ցավակցական համազգացություն: Նրա աչքերի մեջ նկարված էր հուսահատության դառն կսկիծը:

— Այժմ, պարոն Արեսյան, — ավելացրեց բժշկապետը, — պատմեցե՛ք ինչ որ գիտեք, պատմեցե՛ք, որպես ձեր խոստովանահորը, ի նկատի ունենալով, որ դուք ինձ տված տեղեկություններով կնպաստեք հիվանդի առողջությանը:

Երիտասարդը մի քանի րոպե շփոթված դրության մեջ մնաց: Առաջին անգամն էր, որ նա ստիպված էր դուրս թափել այն ցավալի ծանրությունները, որոնք ամբարված էին նրա սրտի մեջ...

— Մի՛ խռովվեք, պատմեցե՛ք խնդրեմ, — ասում էր բժշկապետը:

Գ

Երիտասարդ Արեւյանն այդպես սկսեց յուր պատմությունը.

«Հառաջ քան խոսել օրիորդի մասին, ես հարկավոր եմ համարում ծանոթացնել ձեզ, պարոն բժշկապետ, նրա ծնողների հետ, որտեղ դուք կարող եք ճշտությամբ եզրակացնել այն դժբախտության պատճառն, որի մեջ այժմ գտնվում է հիվանդը: Նրա հայրը ոստիկանության մի հասարակ ծառայող էր: Քաղաքի մի աղքատ և խավար մասումը նա կատարում էր թաղապետի պաշտոն: Այդ այն ժամանակն էր, երբ ոստիկանությունն յուր անկարգ կազմակերպության մեջն էր: Օրիորդի հայրն, այդ խորամանկ ոստիկանը, հավատարմապես յուր պաշտոնին՝ ամբողջ տասնյակ տարիներով ծծեց խեղճ բնակիչների արյունը և քամեց նրանց գրպանի հյութը: Որտեղ գողություն էր լինում՝ նրա մատը խառն էր, որտեղ խռովություն էր պատահում՝ նա էր խմորը, որտեղ կանայք էին անպատվում՝ նա ընկեր էր սրիկաների հետ, մի խոսքով, ամեն չարագործությանց մեջ նա ներկա էր: Մինչև այդ բոլորը հայտնվեցան, մինչև հաղթահարված որբերի և այրիների աղաղակն և բողոքն ուշադրության հասավ, այդ պարոնն, որպես ռամկորեն ասում են՝ «յուր բեռը բռնեց»: Թեև նա այնուհետև զրկվեցավ յուր պաշտոնից, բայց հոգը չէր, որովհետև արդեն շատ հազարներով նրա ոսկիքը, խեղճերի արյան և քրտինքի արդյունքը, զանազան սեղանատներում առատ տոկոսիք էին բերում:

«Ոստիկանի պաշտոնական համազգեստը փոխելով պատվավոր քաղաքացու հագուստով, նա մտավ մեծամեծ կապալների մեջ, սկսեց այնուհետև խաղ առնել հարյուր հազարների հետ... և շուտով տեր դարձավ քաղաքի նշանավոր մասներում հոյակապ տների, լծեց փառավոր կառք և սկսավ վայելել յուր բախտը...

«Նրա կինը՝ համարյա մի ձու էր յուր ամուսնու հետ կես կիսած: Նախախնամությունն անգիտելի է, թե ինչ նպատակով շատ անգամ այդպիսի երկու համամիտ և համակամ բնավորությունները լծորդում է միմյանց հետ: Նա այն ազդեցություն ունեցող կնիկներից մինն էր, որոնց ներգործությունը մեծ նշանակություն ունի զանազան մարդերի ճակատագրի վրա: Այդպիսի կանայք, որոնք կառավարում են նշանավոր պաշտոնակալների սանձը, միշտ եղել են և լինում են մեծամեծ փոփոխությունների պատճառներ և կարծես հսկում են մարդերի բախտավորության և անբախտության վրա: — Այդպես էր օրիորդի մայրը: Նա կատարում էր մի երևելի միջնորդի դեր ոչ միայն հասարակական կյանքում, այլև նշանավոր գերդաստանների ընտանեկան շրջանի մեջ. — ում աղջիկը պետք էր մարդու տալ, ո՛ր տղամարդն ամուսին լինելու միտք ուներ, նա խառն էր դրանց պայմանների մեջ, և այդպիսի դեպքերում այնքան առատ էր նրա հունձքն, որքան թույլ էր տալիս յուր մանգաղը...

«Չնայելով այդ բոլոր ասածներիս, այդ երկու ամուսիններն այն ջերմեռանդ քրիստոնյաներից էին, որոնք ժողովրդի մեջ ունեն մեծ համարում իրանց բարեպաշտության համար: Նրանք չէին լուծում ոչ միայն շաբաթական պասերն, այլև օրականները, նրանք իրանց որդիների հիվանդ լինելու ժամանակ «խեչեմեն» է, ասելով, տանում էին մի ուխտատեղի, որ առողջանա. կրոնական բոլոր տոները կատարում էին սրբությամբ. ամեն կյուրակե եկեղեցի էին գնում, որ պատարագ տեսնեն, քահանաներին պատվում էին և նրանց առատ աջահամբույր էին տալիս, մի խոսքով, նրանք ունեին բարի քրիստոնյայի բոլոր արտաքին հատկությունները... Նրանց այդպիսի մի կրոնական ջերմեռանդությունը պսակ վեցավ ավելի մի բարձր և վսեմ զոհաբերությամբ, այն է, որ նրանք իրանց զավակը նվիրեցին կուսակրոնության:

«Օրիորդ Սոնան — այդպես է այն հիվանդի անունը — դեռ յուր մոր արգանդումն էր, երբ նրա ծնողները ուխտեցին՝ եթե ծնունդն արու լինի մի վանքում տալ ճգնավոր լինելու համար, իսկ եթե աղջիկ լինի՝ կուսանոցը նվիրել սուրբ աստվածածնին աղախին դառնալու:

«Այդ մե՛ծ զոհաբերությունը մինչ այն աստիճան բարձրացրեց «ուխտյալ միանձնուհու» ծնողաց փառքն, որ ոչ մի մարդ առանց պատվելու չէր խոսում նրանց վրա:

«Ահա՛ այդպիսի քրիստոնյաներից գոյություն է առել այն օրիորդն, որի արկածքը ստիպված եմ պատմել ձեզ, պատվելի բժշկապետ: Օրիորդ Սոնան յուր պատանեկությունն անցուցել է ծնողների երկաթի հսկողության ներքո, այլ խոսքով, նա յուր մանկությունից պատրաստվել է կույս դառնալու համար: Ընտանեկան փակ շրջանը միշտ ունեցել է նրա համար խավար բանտի նշանակություն: Մինչև յուր տասն և չորս տարեկան հասակն ոչինչ չէ ուսել նա, որովհետև ո՛չ վարժատուն ուղարկել են նրան և ո՞չ ունեցել է տնային ուսուցիչ: Հետո հրավիրվում է նրանց գերդաստանում մի աղքատ ուսանող որպես վարժապետ: Թեև չնչին ռոճիկով, այսուամենայնիվ այդ պարոնը հանձն առավ այդ պաշտոնն, այն հույսով, որ մի օր յուր բարերարների — օրիորդի ծնողաց — շնորհիվ գուցե բաց կաներ յուր համար մի ասպարեզ: Այդ հույսով իսկ հրապուրել էին նրան... Թեև այդ ակնկալությունը չիրագործվեցավ, բայց վարժապետը դարձյալ գոհ էր յուր պաշտոնից, գտնելով մի աշակերտուհի, որ յուր ընդունակության հետ ուներ աննման գեղեցկություն և հրեշտակային բնավորություն:

«Վարժապետը դրսեցի էր, այն քաղաքում և բնակվում էր նրանց տան մեջ: Դասերը շարունակվում էին խիստ եռանդով: Փոքր ժամանակում երևեցավ նշանավոր հառաջադիմություն օրիորդի մեջ: Վարժապետը բնագետ էր: Նա աշխատում էր զարգացնել յուր աշակերտուհու միտքը դրական գիտությունների ընդհանուր տարերքին ծանոթացնելով: Մայրենի լեզվի սերն այնքան շուտ զարթեցրեց նրա մեջ, մինչ օրիորդն ոչ միայն գեղեցիկ հայերեն էր խոսում, այլ բավականին մշակված լեզվով կարողանում էր գրել և թարգմանել:

«Մի փակ ընտանեկան շրջանում վայրենացած աղջիկ, որպես էր օրիորդ Սոնան, դառնում է ազատամիտ և համարձակ: Չնայելով այդ նշանավոր փոփոխությանը, նրա ծնողները դարձյալ վարվում էին նրա հետ, որպես մի կույսի հետ: Օրինակի համար, նրան արգելում էին առանց մորը տանից դուրս գալ, մի տեղ հյուր գնալ, կամ հրապարակական զբոսարանները հաճախել, արգելում էին իրանց մոտ եկած հյուրերի հետ տեսնվել, մանավանդ երբ որ նրանք երիտասարդներ էին: Այդ խստությունները մինչև այն աստիճան վշտացնում էին օրիորդի անձնիշխանությունն, որ նա երբեք ուրախ չէր լինում: Նա յուր հայրենական օջախի մեջ զգում էր իրան կալանավորված, այդ պատճառով նա միշտ լուռ էր և տխուր: Երբեմն նրա սևորակ աչքերի արտասուքի մեջ միայն նրշմարվում էր մի խորին ատելություն. — դա բողոք էր դեպի ծնողաց ճնշումները...

Դ

Վերջին խոսքերը զարթեցրին երիտասարդ Արեսյանի մեջ մի վրդովմունք, որով նա մի քանի րոպե ընդհատեց յուր պատմությունը: Բժշկապետը նկատեց նրա աչքերում նույնպես արտասուքի կաթիլներ, լսեց, որ նրա ձայնը զգալի կերպով դողում էր…

— Ծխեցե՛ք, խնդրեմ, — ասաց Խորենյանը տալով երիտասարդին մի սիգար, — դուք երևի հոգնեցաք:

Արեսյանը լռությամբ վառեց սիգարը, մի փոքր ծխելուց հետո շարունակեց.

«Տարիքն աննկատելի կերպով անցնում էին: Օրիորդն օրըստօրե հասունանում էր… նրա գեղեցկությունը ստանում էր ավելի և ավելի սքանչելի կերպարանք…

«Տասն և ինն տարեկան էր նա, երբ նրա մայրն ամառանոց գնաց, յուր հետ տանելով և աղջկան: Վարժապետին նույնպես հրավիրեցին այնտեղ: Օրիորդի հայրն յուր գործերի պատճառով չկարողացավ հեռանալ քաղաքից:

«Ամառանոցը գտնվում էր քաղաքից կես օրվա ճանապարհի հեռավորությամբ սարերի և անտառների մեջ: Այնտեղ օրիորդի ծնողներն ունեին սեփական մի ագարակ, ուր շինել էին տված գեղեցիկ տուն: Նա պատրաստված էր այն բոլոր ճոխություններով, որպես վայել է բախտավոր հարուստներին: Շուտով լեռնային օդն, անտառների հովասուն թարմությունը հայտնի փոփոխություն արին նրանց կյանքի վրա: Սոնայի քաղաքումը գունատված թշերը վառվում էին վարդի գույնով: Նրա մոր թառամած դեմքը նույնպես ստացավ մի առանձին կենդանություն: Ամառանոցն ավելի ազատություն տվեց նրանց ընտանեկան կյանքին. — վաղորդյան զբոսանքներն անտառներում և սարերի վրա՝ եղավ անհրաժեշտ, երեկոյան զբոսանքները պարտեզի մեջ և երբեմն հեռու տեղերում՝ շատ անգամ տևում էին մի քանի ժամ: Այդ արշավանքների մեջ մայրն երբեք աչքից բաց չէր թողնում յուր աղջկան:

«Մի երեկո, երբ արևը դեռ նոր էր մտնում, օրիորդի մայրը հրավիրվեցավ յուր ծանոթներից լոտո խաղալու: Նա կամեցավ Սոնային յուր հետ տանել: Բայց օրիորդը հրաժարվեցավ, պատճառելով, թե գլուխը ցավում էր: Մայրը թողեց նրան տանը, հրամայելով, որ քնե հանգստանալու համար:

«Նրանց տան պարտիզումը կար մի հովանոց, հյուսած պատատուկների կենդանի ճյուղերից: Նա շրջապատված էր հազվագյուտ ծաղիկներով և մի քանի սաղարթախիտ ծառեր տարածել էին նրա վրա իրանց անթափանցիկ ստվերը: Օրիորդն յուր վարժապետի հետ առանձնացան այնտեղ, հրամայելով տալ երեկոյան թեյն:

«Արևի վերջալույսը ձգել էր հովանոցի մեջ ոսկի ժապավեններով մի քանի ծիրանի շողքեր, նրանք տալիս էին այդ կանաչազարդ առանձնարանին կախարդական բնավորություն: Սոնայի դեմքն ավելի գեղեցիկ փայլում էր այդ լուսի առջև: Նրա սևորակ աչքերում նույն րոպեին նկարված էր սրբազան ոգևորություն...

«Օրիորդը միշտ աչքերը ցած էր թողնում, երբ վարժապետն ուղղակի նայում էր նրա երեսին և ձայնը զգալի կերպով դողում էր խոսելու ժամանակ: Երևում էր, նրա սրտում հուզվում էր ներքին մրրիկը...

«Շուտով մերկացավ խորհրդական վարագույրը:

«Վարժապետը ստացել էր հրավեր, որով առաջարկում էին նրան մի շահավետ տեղ գավառական մի դպրոցում: Այդ բանն իմացել էր օրիորդը: Մոր բացակայությունն առիթ տվեց նրան խոսել այդ առարկայի մասին, որով նա շատ անհանգիստ էր:

— Ես լսեցի, որ ամառանոցից դառնալուց հետո դուք նպատակ ունիք հեռանալ մեզանից, — հարցրուց նա:

— Այո՛, — պատասխանեց վարժապետն անվճռական կերպով: Օրիորդի դեմքի վրա վազեց անբացատրելի սոսկում:

— Եվ դուք շուտով չպե՞տք է վերադառնաք, — կրկնեց նա:

— Չգիտեմ... կարելի է ամենևին չվերադառնամ, — պատասխանեց վարժապետը տխրությամբ:

Օրիորդի աչքերը վառվեցան մի անսովոր կրակով:

— Ո՛չ, այդ անկարելի է, — կոչեց նա, — ես չեմ թող տալ ձեզ,որ հեռանաք:

Այնպիսի մի ազդու կերպով արտասանեց նա այդ խոսքերն, որ լի էին սրտի բոլոր զգացմունքներով...

— Դուք կզրկեք ինձ հացից, օրիորդ, — ասաց վարժապետը րոպեական մտատանջությունից հետո, — մտածեցե՛ք, որ ես աղքատ եմ և մինչև այսօր չեմ տնօրինել ինձ որևիցե ապարեզ:

«Օրիորդը մոտ եկավ, բռնեց վարժապետի ձեռքը:

— Ես խնդրում եմ ձեզ, ես աղաչում եմ ձեզ մի՛ գնացեք, — ասաց նա և նույն վայրկենում նրա աչքերից գլորվեցան արտասուքի խոշոր և խոշոր կաթիլներ…

«Տիրեց երկու կողմից նս լռություն…

«Այդ այն խորհրդական րոպեներից մինն էր, երբ լեզուներն այլևս չեն զորում արտահայտել հոգու զգացմունքներն, այլ սրտերը գաղտնի կերպով հասկանում են միմյանց…

«Արևը վաղուց արդեն քաշել էր յուր վերջին ճառագայթները, նրանք ամեննին չէին նկատել, որ հովանոցի մեջ տիրում էր մթին խավար:

«Մի էլեկտրական ցնցում սթափեց վարդապետին յուր խորին հոգեզմայլությունից, երբ նա զգաց, որ օրիրդի շրթունքը ջերմ կերպով սեղմվեցան իրենների վրա…

Ե

Բժշկապետն, որ խորին ուշադրությամբ լսում էր երիտասարդին, ընդհատեց նրա խոսքը, ասելով՝

— Ես չեմ սխալվում կարծելով, որ հիշյալ վարժապետը դուք լինելու եք, պարո՛ն:

Երիտասարդ Արեսյանն ո՛չինչ չպատասխանեց, բայց նրա լռության մեջ նշմարվում էր այն խոստովանությունը, թե բժշկապետի նկատողությունը հեռու չէ ճշմարտությունից:

— Շարունակեցե՛ք, խնդրեմ, — ասաց բժշկապետը, չկամենալով ավելի վրդովել նրան:

Երիտասարդը շարունակեց.

«Երբ ես սթափվեցա, պարոն բժշկապետ, իսկույն զգացի, որ կապված եմ մի աննկատելի շղթայով, — դա սիրո անխզելի շղթան էր, որի ամեն մի օղակները տարիներով դարբնվել էին բոցավառված սրտի կրակի մեջ… Ես ուրախ էի, ես երջանիկ համարում էի ինձ, մտածելով, թե Սոնան սիրում էր ինձ… Դեպի գավառը գնալու դիտավորությունս բոլորովին փոխեցի, վճռելով միշտ Սոնայի մոտ մնալ և նրանով բախտավոր լինել…

«Բայց դեռ չգիտեի և գուշակել անգամ կարող չէի, թե սատանան ո՛րպիսի որոգայթ լարում էր ինձ համար, որ և եղավ խեղճ Սոնայի դժբախտության պատճառը…

Այստեղ Արեսյանը դարձյալ կանգ առեց և նրա դեմքը մթնեցավ տխրության ամպով:

«Ա՜խ սեր, ա՜խ սեր, ցնորամիտ սեր... — կոչեց նա, — դու ավելի լի ես հիմարություններով, երբ բորբոքվում ես մի անփորձ սրտի մեջ...

«Հովանոցի անցքից հետո, — առաջ տարավ Արեսյանն, — ես գտնվում էի բոլորովին տենդային դրության մեջ: Քունը բոլորովին անհետացավ իմ աչքերից, ես ամբողջ օրն անհանգիստ էի:

«Տիկինը միշտ սառն էր ինձ հետ: Նրա լեզուն դադարեց յուր սովորական շատախոսելուց, նա միշտ տխուր էր և լուռ: Բայց այդ ծածկամիտ լռության մեջ թաքնված էր մի սարսափելի գաղընիք:

«Օրիորդի մայրն այն վտանգավոր կնիկներից մինն էր, որ չէր կարելի չվախենալ նրանից: Մի քանի դեպքեր նրա պատմությունից, որոնք ինձ լավ հայտնի էին, առիթ էին տալիս մտածել, որ նա պատրաստ էր ամեն չար գործելու մինին, երբ նա չէր հնազանդվում նրա կամքին...

«Բայց երիտասարդությունն, անմի՜տ երիտասարդությունը՝ միշտ հեռու է պահում իրան խոհեմությունից...: Ես չկարողացա երկար համբերող լինել:

«Օրիորդը շատ սիրում էր ման գալ լուսնյակ գիշերով, մանավանդ երբ նա շրջում էր անտառի մթության մեջ: Մի գիշեր նա ինձ առաջարկեց կատարել մի այդպիսի զբոսանք, հայտնելով, թե շատ տխուր էր և կամենում էր յուր ամբոխմունքը ցրվել: Ես սիրով հանձն առի, ամեննին չմտածելով, որ այդ կատարվում էր առանց նրա մոր գիտությանը:

«Գիշերը խաղաղ էր և լռին: Լուսինը նազելով սահում էր պարզ երկնակամարի վրա և թափում էր յուր արծաթի շողքերը նիրհած անտառների մեջ, ավելի ևս քաղցրացնելու դարևոր ծառերի հսկայական քունը:

«Զբոսանքի ամբողջ ժամանակն օրիորդը քարշ էր ընկած իմ թևքից, նա խոսում էր առանց լռելու և նրա խոսքերն այնքան տաք և անուշ էին, որպես հրեշտակի շունչը...: Աննկատելի կերպով մենք բավականին հեռացել էինք տնից, երբ գտնվում էինք անտառի խորքում: Վերջապես «հոգնեցա» — ասաց օրիորդը և նստեց մի կտրած ծառաբունի վրա: Ես լուռ նստեցի նրա մոտ:

«Լուսնի շողքերը թափանցել էին ծառերի ստվերի միջից և նրա կաթնագույն լուսով օրիորդի դեմքը նկարվում էր այն սրբազան լռության մեջ, որպես անտառային հավերժահարսի կերպարանքը:

— «Ի՞նչ գեղեցի՛կ է այստեղ, Օսեփ, — ասաց նա լի բանաստեղծական ոգևորությամբ, — ի՞նչու չլինել մեզ մի զույգ անտառային եղջերուներից և բնակվել միշտ այդ սարերի, այդ ձորերի և այդ ծառերի լռության մեջ...: Անասուններն այստեղ ավելի երջանիկ են, քան թե մենք մեր շքեղազարդ դահլիճներում... Այստեղ, այս ծառերի սրբազան լռության մեջ՝ մայրերը չեն խանգարում իրանց ձագերի ոչ սերը, ոչ նրանց ծիծաղը և ոչ արտասուքը: Այստեղ մի սրբարան է, Օսեփ, ուր սերը կարող է ազատ կերպով պաշտվիլ...

«Ես ապշեցա, և ավելի պարզ ասած, մինչ այն աստիճան հիմարացա, որ մի բառ անգամ չկարողացա գտնել պատասխանելու իմ սիրուհուն: Միայն գլուխս նրա գիրկը դրած, նրա ձեռքերը ստեպ-ստեպ սեղմում էի շրթունքիս վրա:

«Աննկատելի կերպով անցել էր գիշերը: Մենք այդ կախարդական մոռացության մեջ անցուցել էինք մի քանի ժամեր, ժամե՛ր, որոնց ամեն մի րոպեին այժմ կյանքս կզոհի...

«Հանկարծ թփերի միջից լսելի եղավ խշխշոց, դա նման էր բարակ զգեստի սոսափյունին:

— «Այստեղ ի՞նչ եք շինում», — լսելի եղավ մի ձայն:

«Դա Սոնայի մոր ձայնն էր...: Կայծակի հարվածքն այնքան սարսափելի չէր կարող լինել, քան թե այդ զարհուրելի ձայնը:

«Երևում էր, տիկինն երկար լսում էր մեզ:

«Ես բոլորովին քարացա: Օրիորդն ամենևին չկորցրեց յուր արիությունը: Նա ընկավ յուր մոր ոտքերը և նրա արտասվալի հեկեկանքի միջից լսելի եղան այդ խոսքերը «Մայր իմ, մի՛ բարկացիր, ես սիրում եմ Օսեփին...

«Տիկնոջ դեմքն այնքան ահարկու էր, որպես կատաղած գազանի կերպարանքը: Այսուամենայնիվ, նա զսպեց յուր բարկությունը և հրամայեց մեզ տուն դառնալ:

«Արշալույսը դեռ նոր սկսել էր շառագուն ել: Մենք անցուցել էինք ամբողջ գիշերն անտառում...

«Օրիորդը, գլուխը քարշ ձգած, սկսեց դիմել դեպի տուն: Ես այլևս չհամարձակվեցա առնել նրա թևքը, թեև տեսնում էի, որ նրա մեջ շրջելու ուժ չէր մնացել...

Զ

«Սեպտեմբերի վերջին շաբաթները մոտեցել էին: Ցուրտն օրըստօրե դառնում էր զգալի, երկինքը թխպոտում էր և օրերն անցնում էին մռայլոտ և անձրևաբեր:

«Ամառանոցի կյանքը կորցրեց յուր վայելչությունը:

«Մենք վերադարձանք քաղաք:

«Ես միշտ սպասում էի, որ տիկինը վերջին անցքից հետո ինձանից բացատրություններ կպահանջե, բայց նա միշտ լուռ էր և այդ խորհրդավոր լռության մեջ ծածկված էր մի սարսափելի խորամանկություն: Հին վարպետուհին արդեն զինվորված էր հնարագիտության բոլոր զենքերով, զենքերով, որոնք պետք է խորտակեին և ոչնչացնեին իմ և Սոնայի բախտը...

«Տիկինն այնքան համբերող էր, որ ոչինչ չհայտնեց յուր ամուսնուն իմ և Սոնայի սիրահարությանց մասին: Եվ ես ու օրիորդը մեր կողմից այնքան համարձակություն չունեցանք պարզապես խոստովանելու տիկնոջ ամուսնուն մեր սերը: Ի՞նչ պետք էր արած: Իմ դրությունը հետզհետե դառնում էր անտանելի: Այդ տանջանքից ազատվելու հնարը գտա միայն վարժապետությունիցս հրաժարական տալու մեջ: Թեև այդ խիստ ցավալի ներգործություն ունեցավ Սոնայի վրա, բայց ուրիշ ճար չկար, ես պետք է հեռանայի նրանից, պետք է հեռանայի, գուցե կարողանայի ազատվել նրա մոր որոգայթներից...

«Ես չմոռացա Սոնային և մոռանալ ևս կարող չէի, որովհետև նրա սիրո հետ կապված էր իմ կենդանությունը: Բայց ցավալին այն էր, որ օրիորդն այնուհետև եղավ ինձ անմատչելի. ես այլևս նրան տեսնել չկարողացա:

«Ամբողջ մի քանի շաբաթ ես նրանից տեղեկություն չունեի: Իմ անհանգստությանը չափ չկար: Ամեն օր անցնում էի այն լուսամուտի առջևից, որտեղից օրիորդը սովորաբար դեպի փողոցը նայել կսիրեր, բայց մի անգամ ևս չկարողացա տեսնել նրան:

«Իմ մտատանջությունն ավելի սաստկանում էր, ես հավատացրի ինձ, թե նա անպատճառ հիվանդացած պետք է լինի: Բայց ո՜րքան ուրախացա, երբ մի օր օրիորդի սպասուհին ինձ մոտ եկավ: Առաջին հարցմունքն, որ արեցի նրանից, էր Սոնայի առողջության մասին: Սպասուհին փոխանակ պատասխանելու, տվեց ինձ մի նամակ: Դա նրա գրածն էր: Ես երեխայի նման սկսեցի ուրախանալ: Աղախինը զարմանալով նայում էր ինձ վրա:

«Անհամբերությամբ աչքերս վազեցրի նամակի տողերի վրա, հանկարծ սարսափեցա, իմ բոլոր ուշադրությունը տրտմության փոխվեցավ:

«Ես ինձ հետ չունեմ այն գուժաբեր նամակը, պարոն բժըշկապետ, բայց մինչև այսօր, գուցե մինչև մահ նրա ամեն մի տողն անգամ ես չեմ մոռանա...

«Օրիորդը ցավալի կերպով նկարագրում էր այն դառն կսկիծն, որ պատճառեց նրան իմ բացակայությունն: Ավելացնում էր, որ բացի ինձանից ուրիշ մխիթարություն չունի, խիստ զգալի խոսքերով արտահայտում էր յուր սերը դեպի ինձ, և վերջ ի վերջո հայտնում էր, թե նրան սպառնում է մի մոտավոր վտանգ, որ կարող էր մեզ հավիտյան բաժանել միմյանցից...

«Ես բոլորովին մարեցա վերջին տողերը կարդալու միջոցին, իմ թևքերը թուլացան, և նամակն ընկավ իմ ձեռքից:

«Քառորդ ժամից հետո, երբ մի փոքր ուժ ստացա, կրկին վեր առա նամակը, կրկին կարդացի, կարծելով, թե իմ աչքերը խաբում էին ինձ: Եվ իհրավի, նամակի մեջ թողել էի մի քանի տողեր: Այն տողերի իմաստն ամբողջապես կհաղորդեմ ձեզ, պարոն բժշկապետ: — «Ա՛յս գիշեր, ա՛յս գիշեր, — գրում էր նա, — տասներկու ժամին ես կսպասեմ քեզ իմ սենյակում, ե՛կ, ազատի՛ր ինձ, աղախինս կառաջնորդե քեզ, եթե մի փոքր ուշանաս, եթե այս գիշեր չտեսնվինք, ես հավիտյան կորած եմ քեզ համար»...:

«Իմ սարսափը մի փոքր մեղմացավ այն հուսով, որ ես կրկին պետք է տեսնեի Սոնային: Նրա սպասուհի աղջկա հետ բոլոր պարմանները կապեցինք, որոշեցինք տեղն, ուր կարող էինք հանդիպել միմյանց: Նա հեռացավ, ես անհամբերությամբ սպասում էի նշանակյալ ժամին»:

Է

«Տասներկու ժամին քառորդ մնացած աղախինն ինձ սպասում էր իրանց տան անկյունումը: Ես գտա նրան բոլորովին ծպտյալ հագուստով: Դռների բանալիներն յուր հետ ուներ: Նա շատ զգուշությամբ ինձ ներս տարավ: Այդ բնակարանի բոլոր մուտքերն այնքան ծանոթ էին ինձ, մինչ ես խավարի մեջ գնում էի առանց վրիպելու: Վերջապես Սոնայի քնարանի դռանը հասա: Ես իմ մեջ այնքան ուժ չէի զգում նրան հանդիպելու, երբ երկու քնքուշ թևքեր փաթաթվեցան իմ վզով: Գիշերային ոգին ընկավ իմ գիրկն. նա յուր սենյակի դռանը հսկում էր իմ գալստյանը:

«Մենք ներս մտանք: Սոնայի քնարանը լուսավորված էր խիստ աղոտ լուսով:

«Իմ լեզուն, պարոն բժշկապետ, չէ գտնում այն կենդանի բառերն, որ կարողանամ նկարագրել այն բախտավոր րոպեն, երբ մյուս անգամ սիրուհիս իմ գրկումը գտա. — լաց, արտասուք, համբույր, ծիծաղ, բոլորը մի քանի վայրկյանում միախառնվեցան միմյանց հետ...

«Ամբողջ ամիս էր, որ ես չէի տեսել Սոնային, այդ միջոցում այնքան մաշվել էր նա, կարծես դեռ նոր էր բաժանվել հիվանդության մահճից:

— «Դու անգութ ես, Օսեփ, — ասաց նա, — դու ինձ հավիտյան կկորցնեիր, եթե ես կանչած չլինեի քեզ:

«Այդ խոսքերն արտասանեց նա այնպիսի մի ցավակցությամբ, որ կրակի պես այրեցին իմ սիրտն: Ես նայեցա նրա վրա, նրա դեմքը գունատ էր որպես մարմարիոն, և արտասուքով լցված աչքերը ներկայացնում էին տխրության ամբողջ մի օվկիանոս...

«Ես ոչինչ բառեր չգտա նրան պատասխանելու, միայն ապշած նայում էի նրա վրա և նրա փափուկ ձեռքերը թրջում էի իմ արտասուքով:

— «Ժամանակը խիստ թանկ է մեզ, Օսեփ, — ընդհատեց օրիորդը մեր մեջ տիրող լռությունն, — ես շատ բաներ ունեմ քեզ պատմելու, խոսենք այժմ մեր վիճակի վրա:

«Ես պատրաստվեցա նրան լսել: Մինչև այսօր իմ աչքի առջևն է նրա տխրամած և վշտահար դեմքը, թե որպիսի ցավալի կերպով նա պատմում էր բոլոր անցածն ամառանոցից դառնալուց հետո:

«Քո հեռանալուց հետո, — ասաց օրիորդը, — մայրս և հայրս ունեին առանձնակի խոսակցություններ, որոնք շատ անգամ նրանց մեջ հասնում էին տաք վիճաբանության: Այդ տևեց մի քանի օր: Վերջապես ես նկատեցի, որ նրանք հաշտվեցան: Երևում էր, հաղթանակը մնաց հորս կողմը, որովհետև նրանից հետո ես գտնում էի նրան սովորականից ավելի ուրախ: Այդ գաղտնիքն ինձ բոլորովին հայտնի եղավ, երբ մի օր հայրս ինձ յուր մոտ կանչեց:

Այնտեղ ներկա էր և մայրս: «Սոնա, ասաց նա ինձ խիստ ծանր կերպով, դու գիտես որքան ես սիրում եմ քեզ, որքան մի հայր կսիրե յուր զավակը: Բայց մենք ունենք և մի ավելի բարձր սեր դեպի աստված, որ քո և մեր ամենի ստեղծողն է: Մեր պարտավորությունների կատարումը դեպի նա, բոլոր մարդկային պարտավորություններից ամենասրբազանն է: Լսի՛ր, Սոնա, այժմ ես ստիպված եմ քեզ հայտնել մի ընտանեկան գաղտնիք, որ մինչև այսօր քեզանից ծածուկ մնացած է: Մայրդ քո ծննդյան ժամանակ ամենասաստիկ երկանց մեջ ընկավ: Քաղաքիս բոլոր բժիշկները չէ կարողացան ազատել նրան: Վերջապես նա յուր հույսն աստուծո վրա դրեց և ուխտեց նրա առջև՝ եթե ծնունդն արու կլինի, նա խոստացավ մի վանքում ճգնավորության նվիրել, իսկ եթե աղջիկ կլինի, խոստացավ կուսանոցն ընծայել նրան, որ սուրբ աստվածածնին աղախին դառնա: Այդ ուխտը լսելի եղավ աստուծո աթոռի մոտ, և մայրդ ազատվեցավ: Այժմ, սիրելի Սոնա, կատարե քո որդիական պարտավորությունն և ազատիր մորդ հոգին այդ մեծ և ծանր պատասխանատվությունից»:

«Վերջին խոսքերն, ասաց օրիորդն, ինձ վրա այլևս լսելու ուժ չթողեցին, ես փաթաթվեցա հորս ոտքերով և սկսեցի իմ արտասուքով թրջել նրանց: Երկար նա աշխատում էր հեռացնել և մխիթարել ինձ, բայց հնարք չեղավ: «Ես սիրահարված եմ, ասացի նրան, իմ սիրտն ինձ չէ պատկանում, ես սիրում եմ Օսեփին

ՏՆԱՅԻՆ ՓԵՍԱ

Ա

Գարնան թարմ և փափուկ երեկոներից մինն էր: Արևի վերջին ճառագայթները դեռ ոսկեզօծում էին Կազբեկի ձյունապատ գագաթը: Ժամատներից լսելի էին լինում մեզմբարեպաշտական հնչումները զանգահարության: Հավլաբարի պառավ կնանիքը, ծածկված իրանց սպիտակ չարսավներով, շտապում էին աղոթելու:

Նույն ժամուն Դուրկալենց Շուշանը, թևքերը ծալած, կաբայի փեշքերը գոտկումը խրած, լվացքի լագանը ձեռին, դուրս եկավ յուր փոքրիկ տնակի դռանը, և նայելով յուր չորս կողմն, երբ տեսավ անցնող չկա, շուռ տվավ լագանն յուր դռան առջև և սապնախառն ջուրը սպիտակ պղպջակներով անհետացավ փոշիներով պատած գետնի մեջ:

Փողոցի մյուս ծայրից երևեցավ պառավ Մաքթաղը, ձեռին բռնած մի քանի հատ մոմ: նա յուր հետ բերում էր յուր ջուխտակ թոռնիկներն, որոնց ամեն մինը նույնպես բռնած ունեին մի՛մի հատ փոքրիկ մոմեր:

— Ու՞ր ես էդենց շտապով գնում, Մաքթաղ շան, — հարցրուց նրանից Շուշանը, լագանը դնելով գետին:

— Փեթխաինն իմ գնում, Շուշան ջան, օղորմած կենա, գնում, իմ համբուրելու, — պատասխանեց Մաքթաղը ջերմեռանդությամբ:

— Էրնե՛կ քիզ, Մաքթաղ, վուր վուխտ ունիս համբուրելու, ես կի՛ մեր սուրբ Մինասան էլ չիմ կանացի գնա:

Վերջին խոսքը չդուր եկավ Մաքթաղին, և նա զարմանալով հարցրուց.— Ի՞նչի, քա՛ : Գանա կիրակնամուտ գիշերին էլ յի՞տ կու նընկնին ժամիցը:

— Է՞հ, ինչ անիմ, Մաքթաղ շան, խղճութինը դժա՛ր բան է, — հոգոց հանելով պատասխանեց Շուշանը: — Էսօր առուտեմեն կցած մատնիրս տրորվեցան շատ լվացք անելեմեն: Իմ Նատոն էլ ջիր չի պռծի ութո քսելը:

Լսելով Նատոյի անունը, մի նոր միտք ծագեց Մաքթաղի գլխում: Նա փոխեց յուր խոսքը:

— Լավ արիր, վուր միտս բերիր, ասա՛, թե քու աստուծը կու սիրիս, ո՞վ է էն ջիել տղեն, վուր չուստ՛չուստ ձիր տունն է գալիս:
Շուշանր փոքր՛ինչ շփոթվեցավ.
— Ղարիբ օքմին է, Մաքթաղ ջան, էնպես գալիս է էլի՛, խան լվացք է բերում, խան կարկատան է բերում, շատ զամ էլ գալիս է էնպես խոսելու:
— Ո՞վ է, վո՞ւր տղանցի է:
— Ղարաբաղցի է, Մաքթաղ ջան, մինծ մարթու վուրթի է՝ կի՛: Ինքն ասում է, վուր հերն էնղի մելիք է. շատ փուղ ունի, ասում է, բաղ, բաղչա, մուլքեր ունի, կոսե:
Այդ խոսքերը շարժեցին Մաքթաղի զարմացքը:
— Լա՛վ, — ասաց նա, — թե վուր էդենց մարթու վուրթի է, բաս ինչի է մ իր քաղքամը պարապ թրև գալիս:
— Չիմ իմանում, Մաքթաղ ջան, իրան վուր հարցնում իս, ասում է միթոմ հորմեն խռովիլ է ու միր քաղաքն է էկի: Հերը կի՛ հենց մի գլուխ գրում է՝ վուրթի ջան, հերի՛ք մնաս ղարիբ երկրումը, թո՛ղ արի՛, տուն ու տեղիդ տիրութին արա. ամա ինքն կի չէ զնում:
— Բաս էստեղ ի՞նչ պիտի շինի:
— Ասում է մաղազիա պիտիմ բաց անի, վուր լավ՛լավ ապրանքնիր ծախեմ:
— Իժում փող ունե՞:
— Հիմի չունե, ամա ասում է, էնքան կու մնամ, ինչկլի հերս մեռնի, իժում կեհամ, նրա մուլքերը կու ծախիմ փող կու շինիմ:
Մաքթաղի խոժոռ դեմքի ծալքերը շարժվեցան մի հեգնական ծիծաղով: — էդ լա՛վ բան է, Շուշան ջան, բաս դու աղոթք արա, վուր շուտ մեռնի:
— Վո՞ւնց թե աղոթք անիմ, — շփոթվելով հարցրուց Շուշանը:
— Էլ ի՛նչ ասիլ կուզե, պիտի աստծուն աղաչանք անիս, վուր մուրազիդ շուտ հասնիս...
Շուշանը ձևացրուց դժգոհության նշաններ: — Ի՞նչ մուրազ, ինչե՞ր ես խոսում, Մաքթաղ, — խոսեց նա երեսը շուռ տալով:
Գանա չիմ գիտի, վուր ուզում իս Նատոյիդ էն տղին տա, վուր տանու փեսա շինիս:
— Չէ՛, խաչը գիտենա:
Մաքթաղը շարունակեց յուր ճանապարհը, ասելով. — ինձ

Ձիկլոինց Մաքթաղ կոսին: Մաքթա՜ղ, չի՞ս գիտի վուր ծտերն ինձ համա խաբար ին բերում:

Շուշանը ոչինչ չպատասխանեց, մտավ տունը:

Բ

Մի նեղ բակ երկու փոքրիկ սենյակներով, շրջապատած տախտակամածով, ներկայացնում էր այն տնակն, ուր ներս մտավ Շուշանը: Այդ բնակարանը նրան չէ պատկանում, այլ վարձած էր խիստ թեթև ամսականով:

Բակի մի անկյունում ուրագը ձեռին գործում էր մի հյուսն: Նա կամ տաշում էր, կամ մեխում էր և հարմարեցնում էր տախտակները: Նայելով նրա ձյունի պես սպիտակ մազերին՝ նրան կարելի էր համարել վաթսուն տարեկան ալևոր, բայց մարմնով նա տակավին առողջ էր, ժիր և գործունյա: Նրա երեսի խոշոր գծագրությունն՝ յուր տխուր արտահայտություններով՝ բոլորովին համապատասխանում էր յուր կոշտ արհեստին: — Նա դագաղ շինող էր:

Ուստա Գրիգորն — այդպես էր նրա անունը — Շուշանի ամուսինն էր: Նրա մոտ անհամբեր դեմքով կանգնած էր մի մշեցի համալ հսկայական հասակով և շտապեցնում էր շուտ վերջացնել դագաղը

Հավա՜ր, բաբո, թեզ արա՜, խըլսուն է, տասը քաֆեկս կկորի, — անդադար կրկնում էր մշեցին յուր հայրենական բարբառով:

— Հե՜յ, Թոմաս աղա, դու չմեռնեիր, մշեցին չէր կարող տանել քո տասը կոպեկը... — բացականչեց հյուսնը շարունակելով յուր գործը:

Աստված օղորմի անոր խոգուն, — ասաց համալը:

— Աստծու ողորմությունը թո՜ղ նապաստակի նման նրա գերեզմանի վրիցը թռչի, — կտրեց մշեցու խոսքն ուստա Գրիգորը:

— Ի՞նչու, աղեկ մարդ մը չէ՞ր Թոմաս աղան:

— Լավ էր նրանով, որ շուտ մեռավ: Աղվեսն էն ժամանակն է պետք գալիս, երբ որ սատկում է:

— Թոմաս աղան ասա՞նկ մարդ էր, — հւարցրուց մշեցին:

— Հա՜: Այս շաբաթ մի քանի այդպիսիների համար դագաղ շինելու բախտն ունեցա, մինն եկեղեցո գանձապետ էր, մինն՝ հացի փողրտողչիկ, բայց մյուսը՝ վաշխառու: Ա՜խ, որքա՜ն ուրախ բանում է իմ ուրագն, երբ որ այդպիսիների համար դագաղ է շինում:

— Երբ մեռնողս ա՞ղեկ մարդ է:

— Այն ժամանակ ես ուրախ չեմ, ինչպես քանի օր առաջ շինեցի մի դագաղ վարժատան աշակերտի համար:

Ծերունի հյուսնի ուշադրությունը գրավեց տխուր երգի ձայնն, որ լսելի էր լինում փոքրիկ սենյակից:

«Ես սրտումս դարդ ունեմ,
Փշով պատած վարդ ունեմ,
Մերի՜կ, մերի՜կ, քոռանաս,
Ես ատելի մարդ ունեմ»:

Այդ նրա դստեր՝ Նատոյի ձայնն էր, որ նույն ժամուն ութո էր քաշում և երգում էր:

— Նատո՜, Նատո՜, — ձայն տվեց ծերունին:

— Ի՞նչ է, հայրիկ, — լսելի եղավ մի քնքուշ ձայն:

— Ե՜կ էստեղ:

Էս նիմուտին, հայրիկ, մի շաբիկ է մնացել ութոյելու:

Շուտով հայտնվեցավ սենյակի դռանը մի բարձրահասակ օրիորդ՝ թուխ աչքերով, սև մազերով, վարդ թշերով: Նա յուր հասակի այն տարիներումն էր, երբ կուսական գարունքը դեռ նոր սկսել էր ծաղկել յուր ջերմ մանկական թարմությամբ:

— Ե՜կ դագաղի խուփը մախմուրով պատե, զանջիրաները մեխե, ծաղիկները կպցրու: Դրանք քո գործն է, — ասաց աղջկան հայրը:

— Է՜հ, հողեմ նրա գլուխը, ծաղիկներ էլ պիտի կպցնեմ, — պատասխանեց Նատոն դժգոհությամբ:

— Այդպես են պատվիրած, որդի:

— Հայրիկ, այն ժամանակ տուր ինձ վարդեր շարեմ, երբ ջեհելի համար է դագաղը:

— Այդ փառքը հարուստներին է, որդի, նրանք մեզ նման աղքատներից խլած փողերով իրանց դագաղն են զարդարում...

— Կրո՜ղը տանե նրանց, ի՞նչու են էդպես անում:

— Որ էն կինքումը սատանաները հոտ քաշեն:

— Ով գիտի, ուրախանում կլինեն սատանաներն, երբ որ էդ

ծաղիկները կտեսնեն. էնպես չէ՞, հայրիկ, — հարցրուց Նատոն ինքն ևս մի առանձին ուրախությամբ նայելով նրանց շքեղության վրա:

— էդ բոլորը կէրեն դժոխքումը, — պատասխանեց հայրը:

— Վա՜յ, կէրե՞ն... — կրկնեց Նատոն սարսափելով:

— Բա՜ս, էրում են երբ որ դազաղը հ ա ր ա մ փողով է շինվում, — վերջացրեց ծերունին:

— Երբ որ հ ա լ ա լ փողով է շինվում, էն ժամանակ ի՞նչ են անում:

— Սուս կա՜ց, Նատո, շատ բան որ սորվես, շուտ կպառվես, — ասաց նրան հայրը, շարունակելով յուր գործը:

Նատոն լռեց և, առնելով մի փոքրիկ մուրճ, սկսեց օգնել յուր հորը:

Գ

Օրը կիրակի էր: Արեգակի ճառագայթներն ուրախ ժպիտով խաղում էին Շուշանի տան կոտրատված ապակիների հետ: Վաղորդյան զեփյուռը ծավալվում էր փափուկ և հովասուն թարմությամբ:

Մանկահասակ աղջիկները, զարդարված տոնական հագուստով, որը կանգնած էր իրանց դռան շեմքի վրա՝ գաղտուկ նայում էր փողոցում անցուդարձ անողներին, ժպտում էր և թաքցնում էր յուր գլուխն, երբ որ մի տղամարդ էր գալիս: Որը դեռ չէր հեռացել հայելուց, կոկում էր յուր դեմքը և դարդարում էր իրան: Ոմանք՝ հավաքելով իրանց կտուրների վրա, կամ նեղ բակերի մեջ՝ մի խումբ մեծ և փոքր աղջիկներ, դայիրա և դիպլիպիտոն էին ածում, տաշի խփում և հերթով պար էին գալիս: Ամեն տեղ տիրում էր ուրախություն, լսելի էին լինում ծիծաղ և հանաքներ: Իսկ Նատոն միայնակ և լուռ նստած էր յուր փոքրիկ սենյակում, նրա տխրամած դեմքը չէր ցույց տալիս ոչինչ ուրախություն:

Նույն միջոցին ժամիցը ետ դարձավ նրա մայրը, Շուշանը, և տալով աղջկան մի պատառ նշխարք, ասաց.

— Վա՜, աղջի, ջեր շուրերդ չե՞ս հագի:

— Է՜հ, ինչի համար հագնեմ... — պատասխանեց օրիորդն երեսը շրջելով:

— Դու էլի լացել ես, աչքերդ կարմրել են:
— Չեմ լաց էլի, գլուխս է ցավում:
— Հիմա էլ աչքերումդ արտասուք կա, ինչու՞ ես ինձ խաբում:
— Չեմ գիտում... — պատասխանեց օրիորդը տխրությամբ:
— էլի իծանիրդ մո՞տ ին էլի:
Նատոն ոչինչ չպատասխանեց և կամենում էր սենյակից դուրս գնալ:
— Արի՛ չարսավս ա՛ռ, — կանչեց նրա մայրը:
Նատոն առեց չարսավը, ծալեց մի կողմ դրեց և սկսավ մոր համար թեյ ածել: Շուշանը նստած էր փոքրիկ տախտի վրա լուսամուտի հանդեպ:
— Զումշուդ՛բեկը էսօր չէ՞ եկել, — հարցրուց նա: Այդպես կոչվում էր նրանց ղարաբաղցի փեսացուի անունըէ Իսկ Նատոն, փոխանակ ուղղակի պատասխանելու, հարցրուց. — Դեդի, ինչ կլի ե՞փ էդ տղեն մեր տուն պիտի գա ու գնա:
— Հուղե՛մ քու տուտուց գլուխը, — պատասխանեց Շուշանը հեզնական ժպիտով. — միթոմ դու ուրախ չե՛ս, վուր նա գալիս ու գնում է...
— Ի՞նչ ունիմ ուրախանալու... հարևաններն ինչ ասիս ինձ վրա ին ասում... ամենի բերնի՛ մաստաքն ես իմ դառի...
— Նրանց աչքն էլ տրաքի՛, — բարկանալով պատասխանեց Շուշանը:
Այդ խոսակցությանը վրա հասավ ուստա Գրիգորը: — Լավ ես ասում, ա՛ կնիկ, ախար բանը բանի նման չէ, է , հարևաններն ի՞նչ մեղք ունեն, որ բամբասում են...
Շուշանն ավելի բարկանալով կտրեց ամուսնի խոսքը.
— Ա՛ մարդ, էդ քու խելքի բանր չէ՛, ծիտը ձլիվ մե դափասիս մեջն իմ ձգել, հիմի դուն ուզում իս թռցնի՞...
— Դուն, դեդի, — մեջ մտավ նատոն արտասուքը սրբելով, — դուն իմ բողազը պիտիս դուս կտրի վունց որ տեհնում եմ...
Օրիորդը էլ չսպասեց պատասխանի, սենյակից դուրս եկավ:
— Իմ հոգին գիտենա, դրուստ է ասում Նատոն, — ասաց ուստա Գրիգորն աղջկա դուրս գնալուց հետո: — Զեր չնշնած տղին ախար վո՞ւնց կուլի տուն թողնել, գանա էդ քաղաքի նամուսը ձլիվ գնացե՞լ է:
— Լավ ես ասում, Գրիգոր, — կտրեց Շուշանն ամուսնի խոսքն. — ես էլ գիտեմ, վուր էդենց է, ամա անիծվի՛ հիմիկվա աղաթը...

Ի՞նչ անեմ, վո՞ւր ջուրը նընկնեմ… Աղջիկս հասիլ է, մոտ տասնութը տարեկան է դառի, հիմա մարդու տալու վախտն է: Մենք երկուսս էլ աղքատ մարդիք ենք. դու ձլիվ կարում ես քու ուրագով միր օրական հացր դաղել: Ես էլ, տեհնումիս ինչպես չարչարվում իմ ջեր էս ամսվա տան քրեհը չիմ կարացի տար: Տանտերն ամեն օր գլուխս տանում է, փուղ է ուզում: Դե՛, արի դու փուղ ու բաժինք բե՛ր, վուր աղջիկդ իրա ուզած մարդին տաս: Վո՞ւր տեղից պիտի բերես: Ու առանց փուղ ու բաժինքի էլ, դու գիտես, վուր մեր քաղքումն աղջիկ չին ուզում: Անիծվի՛ էղենց ադաթը… Հիմա ծլիվ մե խամ օքմին իս գթի, դարիբ աղա է, էստեղի ադաթը չէ իմանում. ասում է, Նատոն սիրուն է, ես առանց փուղի էլ կու պսակվիմ: Հիմա դուն ինձ ասա՛, ա՛ մարդ, կուլի՞ վուր էդ թավուր տղին մեր ձեռնեմեն թող տանք:

Շուշանի այդ երկար մոնոլոգը դարձյալ չկարողացավ հանգստացնել նրա ամուսնին և նա պատասխանեց.

— Էդ ամենը դրուստ ես ասում, Շուշան, ամա դուն էն ասա՛, թե կնկան ի՛նչով պիտի պահե. դուն մեկ մուքթա փեսա ես գթի, վուրի ջիբերը գլխիցը ավելի դատարկ է:

— Ի՞նչ է ասում, քա՛, ախար փուղավոր մարթու վուրթի է, հորես հերը կու մեռնի ու դովլաթն իրան կու մնա, — ասաց Շուշանն ինքնաբավական հուսով:

— Բալքա շուտ չմեռավ:

— Չմեռավ մինք կու պահենք, տանու՛ փեսա կշինենք:

— էդ լավ է՛… — հեգնորեն պատասխանեց ուստա Գրիգորը: — Թե վուր վատ ըլի ինձանից պահանջի, — ասաց կինը,— դուն գործ չունիս:

— Ես չնշնված տղին իմ տուն չեմ թողնի:

— Իմ ուզածն էլ էդի է գալի, է՛, ախար, ա՛ մարդ, դուն չես թողնում, վուր էս բանը գլուխ բերեմ:

— Ես էդ գործեմեն իմ ձեռնձրը լվացի, ես կնկտերանց բազառին խառնվելու գլուխ չունիմ, — ասաց ուստա Գրիգորը և տնից դուրս գնաց, մոտեցավ մի խումբ մարդիկների, որոնք մի պատի ստորոտը նստած, արևի շվաքի դեմ, զրից էին անում:

Դ

Իսկ Նատոն, դուրս գալով սենյակից, երկար գլուխը ձեռքին

հենած, խորին տխրության մեջ, նստած էր իրանց բակի ցածրիկ պատի հովանվո ներքն մի տախտակի վրա, երբ ներս մտավ նրանց դրացի Քեթոյի աղջիկը՝ Նինուցին:

— Ի՞նչ կու տաս, վուր ասիմ, թե ո՛ւմ վրա էիր փիքը անում, — ծիծաղելով ասաց Նինուցին և նստեց Նատոյի մոտ:

— Է՜հ, Նինուցի, էրնե՜կ քիզ, վուր դարդ չունես ու էդպես կանացիլ իս ծիծաղել, — խոսեց Նատոն գլուխը բարձրացնելով:

— Ե՞ս դարդ չունեմ... դո՛ւն չի՛ս պիտի ունենա, դո՛ւն...

— Ի՞նչի:

— Նրա համար, վուր Գիգոլին քիզ սիրում է:

— Ի՛նչ անիմ, վուր սիրում է... — կրկնեց Նատոն սառնությամբ:

— Էլ ի՞նչ պիտիս անի, սարսաղ, մե էնթավուր սիրուն, ջեհիլ տղեն վուր աղջկան սիրում ըլի, նա էլ դա՞րդ կունենա...

— Բա՛ս չի՛ ունենա...

— Է՜հ, հուզե՛մ քու տուտուց գլուխը... ինքն էլ չի գիըի ի՛նչ է խոսում, — պատասխանեց Նինուցին ք ո ք ո լ ա տալով Նատոյի երեսին:

Նատոն րոպեական մտածությունից հետո պատասխանեց յուր ընկերուհուն. — Դուն փո՛ւղ ասա, փո՛ւղ, անխի՛լք, հիմա միր սիրելն ո՞վ է հարցնում...: Հազար կուզե աղջիկը սիրե, հազար կուզե տղեն սիրե, ո՞վ է այնումը զցում: Նրանք էնենց կու մաշվին, էնենց կա մեռեին ու իրանց սերն էնենց գերեզմանը կտանին, ու զովրը փուղավորին է մնում...

— Անիծվի՛ էդենց ադաթը, — պատասխանեց Նինուցին դեմքը խոժոռելով:

Նատոն ոչինչ չպատասխանեց, նրա գունատ դեմքի վրա արտահայտվում էր սրտի բոլոր հուզմունքը:

— Ամա դուն էն ասա՛, Նաըո ջան, Գիգոլին խոմ փուղ չէ ուզում, — հարցրուց Նինուցին՝ ցավակցելով յուր ընկերուհուն:

— Գիգոլուն ո՞վ է մտիկ անում, — պատասխանեց նատոն տխրությամբ, — խոսքը հորն ու մորն է:

— Տղեն վուր ուզում է, քա ջան, հերն ու մերն ի՞նչ դավի ունին:

— Փուղի դավի ու նին, իմացա՞ր:

Երկու ընկերուհիների մեջ կրկին տիրեց լռությունը: Նրանցից ամեն մինը մտածում էր յուր վիճակի վրա: Երկուսն էլ պսակվելռա աղջիկներ էին, երկուսն էլ փող չունեին: (Ցավալի՛ դրություն, երբ ամուսնական շղթան դարբնվում է արծաթի օղակներով...):

— Էն ղարաբաղցի տղեն ի՛նչ է ուզում, — ընդհատեց Նինուցին լռությունը:

— Է՛հ, թաղեմ նրա գլուխն էլ... — պատասխանեց Նատոն առանձին զզվանքով:

— Ո՞վ է նա:

— Ի՞նչ գիտեմ: Կապ կտրածի մեկն, ո՛վ է:

— Ասում են, դեղիդ ուզում է քեզ էն տղին տա:

— Ուզում է:

— Իժում դուն ի՞նչ ես ասում:

— Ես ի՞նչ պիտիմ ասի...

— Կզնա՞ս, էլի՛: Գիզդլուն պիտիս թողնի, էլի՛:

— Մունջ կա՛՛ց, թե աստուծ կսիրես, Նինուցի, դարդերս մի թազացրու:

Նինուցին տեսնելով նատոյի աչքերի արտասուքը, լռեց: Մի քանի րոպե նրանք տխուր կերպով նայում էին միմյանց վրա:

— Լավ, աստված օղորմած է, մի լաց ըլի, — բռնեց Նատոյի ձեռքից Նինուցին. — դե՛, վիր կաց գնանք միր հարևան Սաբեդինց տունը, էնտեղ աղջիկները հավաքվիլ ին, պար ին գալիս:

— Է՛հ, ի՛նչ պար գալու սիրտ ունիմ... — ասաց Նատոն ետ քաշվելով:

— Աղջի, գժվի՞լ իս. էս կիրակի օրը վուչ շորերդ իս հագի, վուչ գլուխդ իս սանդրի. ով գիտե, երեսդ էլ չիս լվացի, — ծիծաղելով առաջ տարավ Նինուցին:

— Թո՛ղ տուր, թե աստված կսիրես:

Բայց նինուցին չէր դադարում նրան քարշ տալով դեպի Սաբեդինց տունը, երբ սենյակից լսելի եղավ Շուշանի ձայնն, որ կանչում էր նրան: Նատոն իսկույն թողեց յուր ընկերուհին և վազեց դեպի մայրը: «Խե՛ղճ նատո», ասաց Նինուցին և գնաց Սաբեդինց տունը պար գալու:

Ե

Նինուցին Նատոյի միակ ընկերուհին էր, որի հետ նրանք շատ անգամ մասլահաթներ էին անում, թափում էին իրանց սրտի դարդերը և մխիթարում էին մեկ՛մեկու: Այդ երկու աղջիկներն ոչինչ գաղտնիք չունեին միմյանցից:

Նույն ավուր երեկոյան պահուն Նինուցին կանգնած էր իրանց տանիքի վրա, որ կից էր Շուշանենց կտուրին և նայում էր դեպի փողոցը: Նա անցավ Շուշանենց կտուրը, տեսավ Նատոյին իրանց թակումն, երբ ջրով սրսկում էր նա յուր ծաղիկները:

— Նատո, Նատո, — ձայն տվեց նա:

Նատոն վեր նայեց, տեսավ Նինուցին էր: — Ի՞նչ է, — հարցրուց օրիորդը:

— Դեղնդ տա՞նն է:

— Տանը չէ :

— Ապա ո՞վ կա ձիր տանը:

— Ոչ ով չկա:

— Էստի արի՛ , բանիմ ասում:

— Ի՞նչ իս ասում, էնտղանցեն ասա՛ , էլի :

— Էստղանց չիմ կանա ասի, դե վիր արի: Նատոն բարձրացավ յուր ընկերոլիու մոտ:

Արեգակի վերջալույսը դեռ խաղում էր եկեղեցիների խաչազարդ գմբեթների հետ: Շրջակա տների կտուրները կանաչին էին տալիս նոր բուսած խոտով: Կտուրների վրա տեղ՛տեղ արածում էին փոքրիկ ուլեր և այծեր, և նրանց մոտ մի քանի ընտանիք, դուրս գալով իրանց խեղդված տնակներից նստած կանաչ խոտերի վրա, խմում էին երեկոյան թեյը և զվարճանում էին հիանալի տեսարանով:

Նատոն նայեց դեպի յուր չորս կողմը: — Տե՛ս, Նինուցի, ի՛նչ սիրուն կանաչիլ ին կտուրները, կոսես թե, մախմուռով ըլին ծածկված:

— Հա՛, Նատո, — պատասխանեց ընկերուհին խորին համակրրությամբ. — միր կտուրներին էլ միր սեյրանգահն է, ուրիշները ֆայտոնով Մուշտեիդ ին գնում, ու էնտեղ քեփ ին անում, մենք էլ միր կտուրների խոտերովն ինք ուրախանում:

— Մտիկ արա՛, Նինուցի, ձեռքով ցույց տվեց Նատոն, — հորեն ղազախեցի Բարբարեն, միտին էլ իր աղջիկը չայ է շինում. էն էլ էրևնեցու հարսն է՝ նրանց մոտը նստած չայի վրա մեձրած Կուլին. էն էլ խաշապան Սիակի կնիկը. Կատոն, էն էլ խաբարբզանն, ով գիտե ինչի՛ր կուլի խոսում...

— Է՛հ, նրա լեզուն էլ կտրվի՛, — ասաց Նինուցին յուր քոքլան դեպի Կատոն ուղղելով: — Ի՞նչու ես էլի էդպես տխուր, — դարձավ նա դեպի Նատոն, ուղիղ նրա երեսին նայելով:

Ես էլ չիմ գիտում... — պատասխանեց Նատոն ավելի տրտմությամբ:

— Կուզի՞ս ուրախացնիմ քիզ, — հարցրուց հինուցին ժպտելով:

— Ինչո՞վ:

Նինուցին մոտեցավ, նատոյի ականջին փսփսաց մի խոսք:

— Ղո՞ւրթ իս ասում, դո՞ւրթ իս ասում, չէ՛, խաբում կուլիս,Նինուցի, — անհամբերությամբ հարցրուց Նատոն, պինդ գրկելովյուր ընկերուհին:

Ժպիտ, ուրախություն, հրճվանք, այդ բոլորը կարելի էր նույն րոպեին կարդալ Նատոյի գեղեցիկ դեմքի վրա...

— Դրո՞ւստ իս ասում, Նինուցի ջան, — կրկնեց Նատոն դարձյալ փաթաթվելով նրա վզին:

— Քու արևը գիտենա, վուր դրուստ իմ ասում, — պաասախանեց Նինուցին. դե՛, գնանք:

Երկու օրիորդները, ձեռք՛ձեռքի տված, ուրախ՛ուրախ իջան Նինուցենց տունը:

Նինուցին ներս տարավ Նատոյին մի սենյակ, ուր միայնակ նստած էր մի պատանի: Նա հագած ուներ մեխակի մահուդից կաբա, կապույտ գլասից արխալուղ, կապած ուներ արծաթի մինա արած քամար և վզին փաթաթել էր բաղդադի աղլուխ: Պատանու սևորակ աչքերը, կամարած հոնքեր, մախմուռ թշերը, սև գանգրահեր մազերը՝ տալիս էին նրա դեմքին վայելչագեղ կերպարանք: Նա նստած էր սեղանի մոտ, որի վրա դրած էր գույնզգույն ծաղիկներից հյուսած գեղեցիկ փունջ:

— Էդ ի՞նչ սիրուն թայգուլ է, Գիգոլի ջան, — ասաց Նատոն, և ժպտելով մոտեցավ պատանուն. վեր առավ փունջը:

— Հավանում ե՞ս, Նատո ջան, — նույնպես Ժպտելով հարցրուց պատանին:

— Շատ սիրուն է, — խոսեց Նատոն, և ձեռքը Գիգոլու ուսին դնելով, նազելի կերպով նայում,էր նրա երեսին: — էդ ու՞մ համար բերի:

Երիտասարդը կարմրեց: Իսկ ՆիՆուցին նրա փոխարեն պատասխանեց.

— Ո՛ւմ համա պիտի ըլի, քի համա բերած կուլի, էլի՛: Նատոն սկսեց ծիծաղել:

— Նատո, դո՞ւն լավ իս, թե է՞ս, — հարցրուց պատանին, ցույց տալով փունջը:

— Օրիորդն ոչինչ չպատասխանեց, և նրա թշերն յուր ձեռքի վարդերի գույնը ստացան:

— Ի՞նչի ձեն չիս հանում, — հարցրուց Գիգոլին, բռնելով օրիորդի ձեռքից:

— Դուն իս լավը, դո՛ւն, — պատասխանեց Նատոն յուր ձեռքի ծաղիկներով հեզիկ շփելով պատանու երեսին:

— Չէ՛, դո՛ւն իս լավը, դո՛ւն իս սիրուն, Նատո ջան, — կրկնեց Գիգոլին և կամենում էր գրկել նրան, բայց օրիորդը ետ քաշվեցավ, երբ Նինուցին մեջ մտավ:

— Ի՞նչ իք կռվում, — երկուսդ էլ լավն իք, — ասաց նա. — ամա վունց քու հերը, Գիգոլի, Նատոյին քեզ համա կուզե, վունց էլ Նատոյի մերը փուղ ունե, վուր նրան քիզ տա:

— Գժվի՞լ իս, Նինուցի՛, ինչի՞ր իս խոսում,— դարձավ պատանին դեպի Նինուցին շփոթվելով:

— Ես դրուստն իմ ասում, — ավելացրեց Նինուցին և պատմեց բոլորն, ինչ որ լսել էր ղարաբաղցի փեսացուի մասին:

— Ղո՞ւրթ ,է ասում, — դարձավ նա դեպի Նատոն:

— Հա՛, Գիգոլի, ինձ նրան ին տալի, — պատասխանեց Նատոն տխրությամբ:

— Ես կու մեռնիմ ու չեմ թողնի, վուր էդ բանը գլուխ գա, — խոսեց պատանին մի փոքր վրդովվելով:

Նրանք մնացին միայնակ:

Նատոն տխուր նստած էր Գիգոլու մոտ, երբ պատանին դարձավ դեպի նա. — Մի՛ դարդ անի, հոգի ջան, դու իմն իս, ե՛ս քոնն, ոչ ով չի կանա միզ մեկմեկուց բաժնել.: Այդ խոսքերին հաջորդեց մի ջերմ գրկախառնություն և երկուսի էլ երիտասարդական շրթունքները միախառնվեցան միմյանց հետ...:

Զ

Անցան մի քանի շաբաթներ, անցան մի քանի ամիսներ: Աշունքն էր: Տեղափոխիկ թռչունները խմբովին դիմում էին դես/ի օտար աշխարհ: Ծիծեռնակը բաժանվում էր յուր բույնից: Ծառերի դալկացած տերևները դեղնում էին: Նրանց հետ և սիրուն Նատոյի վարդագույն թշերը գունատված, խամրած՝ օրըստօրե կորցնում էին իրանց քնքուշ կուսական թարմությունը:

Մութ գիշեր էր: Սառը քամին անախորժ կերպով փչում էր Շուշանենց տան կոտրատած ապակիներից. սենյակում բավականին ցուրտ էր: Միայնակ և տխուր նստած էր Նատոն ճրագի մոտ, կարում էր յուր կարը: Նրա մայրը խոհանոցում պատրաստում էր ընթրիք: Ուստա Գրիգորն յուր արհեստանոցում (որ բաղկանում էր ներքնատան մի նեղ սենյակից) գործում էր:

Նույն ժամուն խավար փողոցի միջով աննկատելի կերւղով գնում էր մի մարդ: Նա հասավ Շուշանենց տանը և վագրի արագությամբ թռավ ցածրիկ տախտակապատից : Նա իսկույն կանգնեց սենյակի դռանն, երբ նրա ականջներին հասան այդ մելոդական հնչումները՝

«Արի՛, իմ սիրեկան,
Դարդիս ճար արա՛,
Քո սիրո խանջարեմեն,
Ջիգարս — փարա, փարա»:

«Նա ինձ սիրում է՛, ասաց եկվորը և ավելի մոտեցավ դռանը: Հնչեց կախարդիչ երգի երկրորդ տունը:

«Ես քեզի չեմ մոռանա,
Քանի որ սաղ եմ
Քո սիրո զանջիրեմեն
Մինչև մահ դու սաղ եմ»:

«Նա ինձ սիրում է... — կրկնեց երիտասարդը և զմայլած ներս վազեց: — Նատո ջան, իմ սիրեկան, — կոչեց նա և օրիորդին պինդ ճնշեց յուր կուրծքի վրա:

Եկվորը Զումշուղ բեկն էր: Նա իսկույն սոսկաց, երբ յար աչքերը հանգիպեցան Նատոյի վշտալի, միևնույն ժամանակ զայրացած աչքերին:

— Նատո ջան, — կրկնեց երիտասարդը, թողնելով նրան յուր գրկից» — դարդ մի՛ արա, հիմա դու բախտավոր ես: Ես հիմա հարուստ եմ, քեզ միշտ ոսկու, արծաթի, բրիլիանտի, ատլասի ու մախմուրի մեջ կպահեմ:

Օրիորդը գլուխը քարշ ձգեց, ոչինչ չպատասխանեց. նրա դեմքն ընդունեց ավելի տխուր արտահայտություն:

— Ինչու չես խոսում, Նատո ջան, մի ձեն հանի, քո հոգուն մատաղ, — շուտ շուտ կրկնում էր երիտասարդը:

— Քո բրիլիանտներն ինձ պետք չե՛ն... — ասաց օրիորդը և արտասուքը թրջեց նրա աչքերը:

Երիտասարդը վշտանալով թողեց նրան, երբ ներս մտավ Շուշանը: Նա դարձավ դեպի մայրն, ասելով.

— Դեդի ջան, ես հիմա բախտավոր եմ, էսօր փոշտից նամակ ստացա, հայրս վախճանվել է և ի՜նչքան ապրանք, մուլք,փող է թողել, գիտե՞ս — մին էս օթախով լիքը:

— էդ լա՜վ խաբար է, — ուրախանալով կոչեց Շուշանը:

— Բա՜ս վատ խաբար է, — պատասխանեց երիտասարդը նույնպես ուրախությամբ: — Հայրս դարավուլ էր նստած յուր խազինի վրա, բայց հիմա նրա դռները բաց էլան ինձ համար:

— Փա՜ռք աստծու, փառք իրա մեծ զորութինին, — բացականչեց Շուշանը խորին ջերմեռանդությամբ:

— Հիմա Նատոյիս բախտն էլ բաց էլավ:

Շուշանը նստեց թախտի վրա: Ջումշուղ՜բեկը տեղավորվեցավ նրա մոտ:

— Գիտե՞ս ինչ կա, դեդի ջան, ես պետք է շուտ գնամ, — շարունակեց երիտասարդը:

— Ո՞ւր, — զարհուրելով հարցրուց Շուշանը:

— Ղարաբաղ: Գնամ, որ հորս թողած կայքերին տիրությունանեմ:

Վերջին խոսքը ձգեց Շուշանին մտատանջության մեջ: — Վո՜ւյ, քոռանամ ես, — ասաց նա շվարած կերպով, — էդ վունց կուլի, մուր դուն գնաս առանց պսակվելու:

— Հիմա ի՞նչով կարող եմ պսակվել, որ էստեղ փող չունեմ:

Շուշանը խորին կասկածանաց մեջ ընկավ, գուցե յուր փեսացուն հայրենիքը գնալուց հետո կրկին չվերադառնա, այդ պատճառով մտածում էր վաղօրոք կապելնրա վիճակը յուր դստեր հետ:

— Վուրթի, — ասաց նա ծանր կերպով, — ինչ կլի ե՞փ իմ Նատոյի աչքը պիտիս քու ճամփին պահի. էդպես բան չի՜ ըլի, պսակվի , իժում աստված բարի ճանապարհ տա, ուր ուզում իս գնա:

— Հիմա ձեռքումս փող չունիմ, որ հարսանիք անեմ, ի՞նչպես պսակվեմ, — հարցրուց երիտասարդը:

— Ասում իս, վուր ձեռիդ փուղ չունի՞ս, բան չկա, ես մի քանի թուման պարտք կանեմ, կու մխսիմ ու քու լայաղ հարսանիք կոնիմ:

Ջումշուղ՜բեկի նպատակն էլ հենց այդ էր, թեև նա

խորամանկությամբ պատճառում էր յուր գնալն, որպեսզի որքան կարելի է շտապեցնե հարսանիքը:

— Շատ լավ, դեդի ջան, ես քո խոսքը չեմ կոտրի, ինչպես ասում ես, էնպես կանեմ, բայց դու էլ շտապիր, որ ինձ շատ չուշացնես այստեղ:

Շուշանն ուրախացավ, գրկեց յուր փեսացուն:

— Զումշուդ ջան, ես էգուցեվետ կու տեսնեմ հարսանիքիթադարեքը:

Նատոն, որ հեռու կանգնած լսում էր այդ խոսքերը, դուրս գնաց սենյակից խորին հուսահատությամբ: Նա նստեց բակի խավարումն յուր սովորական տախտակի վրա, երկար լաց էր լինում և ա՜խ ու վախ քաշում, երբ ճրագը ձեռին յուր արհեստանոցից դուրս եկավ նրա հայրը: Նա իմացավ յուր դստեր դարդը, բռնեց նրա ձեռքից: — Գնանք, Նատո շան, էստեղ մի՛ նստի, ցուրտ է, կմրսես, — ասաց նա, ներս տանելով նրան սենյակը:

Է

Անցավ մի ամբողջ շաբաթ Զումշուդ՛բեկի հոր մահվան լուրը հայտնվելուց:

Մի գիշեր Շուշանի քրոջ՝ Սոփոյի տունը սովորականից փառավոր կերպարանք էր ստացել: Սենյակները լուսավորված էին ճրագներով: Եռ էր գալիս բազմությունը գույնզգույն հագուստներով: Ամեն տեղ ուրախությամբ փայլում էին երեսները: Լսելի էին ւինում երգի, զուռնայի և նաղարայի ձայներ:

Նատոյի հարսանիքն էր: Շուշանի տունը փոքր լինելու համար, այստեղ էր կատարվում հանդեսը: Այս և այն անկյուններում, և այս և այն սենյակներում հավաքված հյուրերի մեջ, անց էին կենում զվարճալի խոսակցություններ: Մի տեղ տերտերը, հավաքած յուր շուրջը մի քանի արհեստավորներ, զարմացնում էր նրանց յուր խորին գիտությամբը, խոսելով սրբերից և հրաշքներից: Մի տեղ կանայքը բաց էին արել բամբասանքի բազարը: Մի այլ սենյակում աղջիկները շրջապատած Նատոյին դայիրա էին ածում, երգում էին և պար էին գալիս: Իսկ Շուշանն ոտքի վրա անդադար պտիտ էր գալիս, զանազան կարգադրություններ էր անում և յուր հյուրերի հետ քաղցրախոսում էր ու նրանց սիրտն էր շահում:

— Մաբետ, — ասում էր Թաթուխենց Նատալյան յուր մոտ նստած կնոջ ականջին, — տեհնում ե՞ս Շուշանի բախտն, վո՞նց առանց փուղի ու առանց բաժինքի տանու՛ փեսա ճարեց իր համար:

— Էդ էլ աստծու տուրք է, Նատալյա ջան, — պատասխանեց Ճոն՛Օհանեսի կինը՝ Մաբետոն:

— Հալբաթտա, առանց աստծու կամքի փոթոլը ծառից վեր չէ գալիս, մագրամ, ադմորթին պիտի բախտ էլ ունենա:

— Չէ՛, էդ ղարիբականները փուղին շատ մտիկ չին անում, — մեջ մտավ կալատող Սիմոնի կինը՝ Մաշոն. — նրանք աղջկան ին մտիկ անում, աղջիկն օղոնդ լավն ըլի, էդ է հարկավոր նրանց:

— Մագրամ, էդ ղարաբաղցին ի՞նչ մի հուտով ծաղիկ ջոկեց իր համա... — նրանց խոսքը կտրեց խարազ Դարչոյի կինը՝ Բարբարեն:

— Չէ, Բարբարե՛, էդ ո՛ւր իս ասում, միդք է էդենց խոսիլը. Նատոն, հա՛խ աստծու, հալալ կաթնակեր ու սիրուն աղջիկ է, — պատասխանեց Դաբաղենց Մակին:

— Լավ հալալ կաթնակեր ես գտի... նրա բաներն ես լավ գիտեմ մանդրուք ծախող Գիգոլու հետ... — խոսեց Բարբարեն երեսը շուռ տալով:

— Է՛հ, էդ ինչի՞ր եք խոսում, — մեջ մտավ ղազազ Ծղալոբի կինը՝ Սալոմեն. — մեր ժուկում ո՞վ է մտիկ տալիս, վուր աղջիկը լավ կաթնակեր ու հալալ ըլի. էս ժուկում աղջկա սիրունությինն էլ վուչինչ է, նրա խիլքն էլ վուչինչ է, նրա ուսումն էլ վուչինչ է... հենց աղջիկը շատ փուղ ունենա, — փեսեն նրա համար հազիր է, թեկուզ նա քոռ ըլի, թեկուզ քաչալ ըլի, աննամուս ըլի — դիփ մեկ է...: Թե չէ էդենց քոռ քոռինա մուշտարիքը հազրեմեն մե զամ ռաստ չին գալիս, վուր առանց փուղ ու բաժինքի նշնվին:

Սալոմեի խոսքերը գրավեցին կանանց ընդհանուր համակրությունը և ամենքը միաբերան ձայն տվին, — անիծվի՛ էդ թավուր ադաթը... նրա մոգոնողի տունը քանդվի ...

Բայց տղամարդերի մեջ անց էր կենում բոլորովին այլ խոսակցություն, բոլորովին կենսական այլ խնդիրների վրա: Նրանք խոսում էին նույն օրերի հացի և այլ ուտելիքի թանկության մասին:

— Էդ բոլորը ժողովրդի մեղքերիցն է, — ասաց նրանց քահանան. — երբ մարդերի՛ մեղքը բազմանում է, աստված էլ խրատում է նրանց տեսակ՛տեսակ պատիժներով: Գիտե՞ք, ո՛րքան թերահավատացել է մեր ժողովուրդն, էլ ոչ ժամն են իմանում և ոչ աղոթքը, էլ ոչ պասն են իմանում և ոչ պատարագը. էլ ոչ սուրբն են իմանում, ոչ սրբությունը, դիփ մի խոսքով մոռացել են, հենց սատանայի ճամփան բռնած գնում են:

Քահանայի խոսքերը շարժեցին մի քանիսի ջերմեռանդությունն, որոնք իրենց երեսները խաչակնքելով ասում էին. — Միղա աստծու, միղա իր սուրբ զորութինին:

— Բայց երբ որ մարդիկը չար ճամփեմեն դառնան, — հառաչ տարավ քահանան. — Քրիստոսի ճամփովը գնան, այսինքն կամենում եմ ասել՝ մատաղ մորթեն, սուրբերը համբուրելու գնան, աղքատներին ողորմություն անեն, տերտերի հախը չկտրեն, աստված էլ քաղցր աչքով մտիկ կոնե նրանց, հացը գինին ու ամեն բան կբոլացնե:

— Թե քոլ Քրիստոսը կու սիրես, տերտեր ջան, էս քարուզնիրը թող մնան, — քահանայի խոսքը կտրեց մի կարմիր և ուռած թշերով տղամարդ՝ շիրաջի Կոնին. — աղբաթը խեր, հարսանիքի տուն է, խոմ եկեղեցի չէ, ինչ Ավետարանի վուխտ իս գթի, թող մե քիչ գինի խմենք, քեփ անենք, սրտերս բաց ըլի:

— Բի՛ բերանդ պաչ անեմ, Կոնի ջան, — նրան գրկելով ասաց ձկնապան Մեխակը. — ախբեր, ի՞նչ միր խելքի բան է խուրը գրքերեմեն խոսիլը. միրն էն է ուտենք խմենք, քեփ անենք ու աստծուն փառք տանք:

— Բարաքալդի, բարաքալդի, Միխակ ջան, քո հոգուն մեռնիմ, — գոռացին մի քանի ձայներ: — Հախ աստծու, լավ օրինավոր խոսք ասեցիր:

— Քու կենացը, քոլ կենացը, — ձայն տվեցին զանազան կողմից, նրանցից ամեն մինը չխկացնելով Մեխակի հետ իրանց բաժակները:

Սույն միջոցին կույր աշղը, Բեժանը, քաշեց ճիռնուրի աղեղն երգելով Սայաթ-Նովայից.

«Աշխարքումս դարդ չիմ անի
Քանի վուր սաղ իս ինձ համա».

— Ա՜խ, թե գիտենայի էս գինին ո՞վ է մոգոնի, — ասաց խմողներից մինը հիացմամբ նայելով յուր կարմիր բաժակին.— ես ամեն տարի նրան մատաղ կու կտրեի:

— Գանա էս էլ չի՞ս գիտի, ուստա Պետրոս, — նրա խոսքը կտրեց քահանան:

— Ես վուր ղանցեն գիտենամ, քու հոգուն մատաղ, տերտեր ջան, — պատասխանեց ուստա Պետրոսը: — Գրի սիվն ու սպիտակը դուք եք իմանում, աստծու խոսքերը ձիր մոտն ին, մենք ի՞նչ ինք սորվի, վուր ինչ գիտենանք:

— Գինին Նոյ նահապետն է շինի, — ասաց տերտերը մի առանձին նշանակություն տալով յուր գիտությանը և ավելացնելով մի քանի խոսք Քամի մասին:

Բոլորը զարմանալով լսում էին:

— Փառք Նոյի սուրբ զորութենին, — ասաց ուստա Պետրոսը իրեսը խաչակնքելով:

— Նոյի հոգուն մեռնե՛մ, — բացականչեց մի աշխույժ երիտասարդ բարձրացնելով յուր բաժակը. — էս էլ Նոյի կենացը, թե նա չէր էլի մենք էդ պլպլուն թասերը վո՞ւր տեղից պիտի խմեինք:

Բոլորը ձայն տվեցին նրան և մի՛մի բաժակ խմեցին Նոյի կենացը, կարծելով, թե նա դեռ կենդանի է:

Այգ ընդհանուր ուրախության մեջ տերտերը նկատեց, որ միակ տխուր մարդն ուստա Գրիգորն էր՝ նորահարսի հայրը: Նա անդադար դուրս էր գալիս, ներս էր մտնում, կարծես, մի բան նրան անհանգստացնում էր:

— Ի՞նչ ես նոթերդ կիտել, ուստա Գրիգոր, — դարձավ դեպի նա տերտերը. — օրհնած, էս ուրախությունը քոնն է, դու ի՞նչու եսդարդ անում:

Ուստա Գրիգորը գլուխը միայն շարժեց ցույց տալով, որ ինքը զբաղված է, և հեռացավ առանց պատասխանելու:

Գիշերվա կեսն էր: Հասանների խռպոտ ձայնը, մոլաշրջիկ շների աննպատակ հեծկլտոցը, տարաժամ տարփածուի կառքի դղրդոցը երբեմն ընդհատում էին փողոցների խուլ գերեզմանական լռությունը: Բազարի խանութներից մինի մեջ միայն փայլում էր աղոտ լույսը, ուր նստած էր մի պատանի:

Աղա, բշխրմա՞ ես քըշեր էտենց զարթուն ես մնալի, չես քնելի, — ասաց պատանուն խոյեցի հասասը, գլուխր ներս տանելով խանութի դռնից:

— Քունս չէ տանում, Կարո, — պատասխանեց պատանին: Պատանին մեր Նատոյի սիրականը՝ Գիգոլին էր: Լսելով ՛լա բաբաղցի փեսացոլի պատմությունը և օրիորդի ծնողաց նպատակը՝ Գիգոլին չկարողացավ յուր համրերությունը զսպել, տեսնելով, որ յուր սիրուհին շուտով կորած կլիներ յուր համար: Նա, որքան և պատկառանք էր դնում յուր հոր և մոր պատվին, որքան և ամաչկոտ էր յուր որդիական հնազանդության մեջ, այսուամենայնիվ համարձակվեցավ յուր ծնողաց առջև պարզ խոստովանվել յուր սերը դեպի Շուշանի աղջիկը: Նա ո՛չ միայն գտավ ծնողաց կողմից ամենաաստիկ ընդդիմադրություն, այլև նրանք սպառնացին, եթե պատանին բոլորովին չէր փոխելու յուր միտքը, կարող էր իսպառ զրկվիլ հայրական ժառանգությունից: Դրա հետեվանքն այն եղավ, որ Գիգոլին թողեց հոր տունը, և այնուհետև գիշերում էր յուր խանութի մեջ: Համալը, տեսնելով նրա տխրությունը, նստեց խանութի դռան շեմքի վրա և սկսավ պատանուն զբաղեցնել յուր զրույցներով:

— Դյուն մե դարդ ունես, որ քյունդ չի տանելի, — հարցրուց Հասասը:

— Ունեմ, Կարո, դարդ ունեմ.. պատասխանեց Գիգոլին խորհրդական ձայնով և պատմեց մասնավորապես Նատոյի մասին:

— Է՛հ, աղա, ես էլ որ քո պես հալա ջահիլ էմեր, քշերները քյունս չէր տանելի, — ասաց Հասասը յուր հին ցավերը միտ բերելով. — մեր գեղը մե ախչիկ կար, էնղդար խորոտիկ էր, որ կասես մարալ-ջեյրան էր. էն ընձիկ էր սիրելի, ես դրան էմեր սիրելի, էրկուսիս էլ սրտերը կապած էներ մեկզմեկու: Էլավ որ, մեր գեղի մալիքի լաճու աշկը ընկավ էն ախչկան, սիրեց դարր. էլ էն ախչիկր ընձի չըտըվին. և փսայվեց մալիքի լաճոււ հետը: Մե ամիս չքաշեց ախչիկը դարդըմախ էլավ...: Ես էլ դարդեմեն ետ էն երկրեն տուս էգամ, որ էլ չտսնամ դար գերեզմանը...

Խոյեցի հասասն այդ խոսքերն այնպիսի մի ցավալի կերպով պատմեց, որ ինքը նույնպես չկարողացավ զսպել յուր արտասուքը և վերջին տողերն արտասանելու միջոցին նրա ձայնը բոլորովին խեղդվեցավ:

Գիգոլին ցավելով նայում էր նրա վրա, տեսնելով, որ սերն ունի յուր բոցավառ զորությունը մինչև անգամ այնպիսի պարզամիտ և անմեղ արարածների մեջ, որպիսի էր խոյեցի հասասը: Եվ նա դարձավ դեպի Կարոն այդպիսի խոսքերով.

— Էդպես է, Կարո՛: Բայց ավելի լավ է, որ մարդ ինքը մեռնի ու

չտեսնի յուր սիրած աղջկան մեկ ուրիշը տանելիս... դու էլի բախտավոր ես, Կարո, որ տեսար քո սիրածի զերեզմանը...

Կարոն տեսավ, որ յուր խոսակիցն ավելի տխրության մեջ ընկավ, ասաց նրան.

— Աղա, ձեր թաղը էս քշեր խարնիս կա, աղեկն էնի, որ դու քանդ փակես, էթաս էնտեղ, որ սիրտդ բացվի:

— Հարսնի՞ք... — կրկնեց Գիգոլին մի զարհուրելի սարսուռ զգալով յուր ամբողջ մարմնի մեջ:

— Խրամանքս, խարնիս, ես ձեր թաղեն էս քշեր ընցամ, զուռնա՛ նաղարայի ձեն էր իգալի Շուշանի քրոջ Սոփոյի տնեն:

Գիգոլին բոլորովին շփոթվեցավ և խնդրեց հասասին օգնել իրան խանութը կոզպելու:

Կես ժամից հետո նա հասավ պառավ Սոփոյի տանը: Նվազածությանց ձայները մի նոր սարսափ ձգեցին նրա վրա: Պատանին քարացած, կանգնած լսում էր հարսանիքի տնից եկող ձայները, և նրա վրդովմունքը գնալով սաստկանում էր: Հանկարծ երևաց մի օրիորդ, որ փոքրիկ լապտերը ձեռին վազում էր դեպի մոտավոր տունը:

— Ա՜խ, Նինուցի, դո՞ւն ես, — կոչեց պատանին նրան տեսնելով:

— Ես իմ, Գիգոլի ջան, — ձայն տվեց օրիորդը և կանգնեց:

— Ուր ես գնում:

— Միր տուն, մանտոս վիկալնեմ, խիստ ցուրտ է, հիմա պսակ պիտի գնանք:

— Ի՞նչ պսակ, — շփոթվելով հարցրուց պատանին:

— Չի՞ս գիտի, Նատոյի պսակն է էս գիշեր:

Պատանին բոլորովին թուլացավ:

Նատոն հիմի էլ է սիրում քիզ, Գի գոլի ջան, — ասաց Նինուցին. — քանի զամ սիրտը գնաց, թիլացավ, ես նրան ուշքի բերի...: Նա ասում էր ինձ. նինուցի, ես կմեռնիմ, ինչկլի ինձ եկեղեցի տանին:

— Ա՜խ, աստվա՜ծ... — կոչեց պատանին խորին հուսահատության մեջ:

— Նատոն միղ չունի, Գիգոլի ջան, — առաջ տարավ օրիորդը. — նա ասում էր, որ քիզ չի մոռանա, ինչկլի մահը կսիրե քիզ...: Բայց քոռանա՛ քու հորն ու մոր աչքերը, վուր ձիզ մեկմեկուց բաժանեցին...:

Պատանին էլ ոչինչ չխոսեց, նա յուր դողդոջուն քայլերն ուղղեց դեպի Քուռի կողմն, երբ Նինուցին հեռացավ նրանից: Այդ լռությունը խիստ զգալի եղավ օրիորդին, որին հայտնի էր Գիգոլու հուսահատ դրությունը: Այդ պատճառով Նինուցին հեռվից նայում էր, տեսնել, թե ո՛ր կողմը գնաց պատանին: Օրիորդն էլ չսպասեց գնալ իրանց տունը, վեր առնել յուր մանտոն, այլ կրկին մտավ հարսանիքի տունը և հազիվ լսելի ձայնով շշնջաց եղբոր ականջին.

— Ստեփկո, մեր Գիգոլին էս նմուտին Սաղի կուռը գնաց, ես խիստ դարդոտ տեսա նրան. գնա՛, տես ինչ էլավ խեղճ տղին:

Լսելով այդ խոսքերը Նինուցայի եղբայրն, իսկույն դուրս վազեց: «Խե՛ղճ Գիգոլի, ինչու է գնում նա Սաղի կուռը», ասում էր Ստեփկոն ինքն իրան:

Երկնքի սև ամպերը սկսել էին արդեն նոսրանալ և Քուռի ափերը լուսավորում էին լուսնի գունաթափ շողքերով: Քանի րոպեից հետո Գիգոլին հասավ գետի եզերքը: «Էլ էստումեն դենը ինձ պետք չէ ապրել», — ասաց նա և պատրաստվում էր իրան ջուրը ձգել, երբ Ստեփկոյի երկաթի մատները բռնեցին նրան:

— Ա՛խ, Ստեփկո, թե ախբեր իս թող տուր, — աղաչում էր պատանին:

— Ի՞նչ իս շինում, գժվի՞լ իս, — պատասխանեց Ստեփկոն, հեռացնելով նրան գետի ափից:

— Ա՛խ, ի՞նչի դուն վրա հասա՛ր...

Թ

Սույն միջոցին պառավ Սոփոյի տան քահանան ոտքի ելավ, կոչնականներից ամեն մինը վառեցին իրանց լապտերները և պատրաստվում էին եկեղեցի գնալ պսակի խորհուրդը կատարելու:

Զումշուղ-բեկը զարդարված էր յուր հարսանիքի հագուստով, որոնք նույն օրերում Շուշանը նրա համար կարել էր տված: Երիտասարդն յուր սրտի ամենաաքանչելի իրճվանքի մեջն էր: Իսկ Նատոն, թեև նույնպես զարդարված, բայց նրա գունաթափ դեմքը, վշտահար աչքերը ցուցանում էին հուսահատության ամենաասարսափելի հուզմունքն, որ նույն րոպեին խռովում էր օրիորդի սիրտը:

Հանկարծ ներս մտավ մի անծանոթ հյուր: Դա էր սպիտակ մորուքով հսկայատիպ մի ծերունի: Նրա սև շալե չուխան, ահագին մոթալ փափախը, կաշյա տրեխները ցույց էին տալիս, որ նա գալիս էր հեռու երկրից: Ծերունու օտարոտի երևույթը, խոժոռ կերպարանքը յուր վրա դարձրեց բոլոր հանդիսականաց ուշադրությունը:

Իսկ այդ անակնկալ հայտնությունը կայծակի հարվածք ունեցավ փեսայի վրա, որի դեմքն իսկույն կա վիճի պես գունաթափվեցավ,

Ծերունին, ամենևին ուշադրություն չդարձնելով յար շրջապատողների վրա, անփույթ կերպով մոտեցավ փեսային, և յուր լի բարկությամբ սպանիչ հայացքը ձգելով նրա երեսին, ասաց.

— Աղա՛, քնձահոր լակոտ, ըսքան տարի թո՞ռնըս կորալ, քանի վախտ ա տու եղնադ մանըմ գոլիս, էլ ոչ Ռուսեթ, էլ ոչ Ղզլբաշի երկիրը, օլքա չըմ թողալ լոխ մանըմ էկալ՝ բալքում քե քթնամ. ամա դու քո տոնըդ տեղդ, քուլփաթըդ միննադ քըցալըս, դիարբադիար (երկրե երկիր) քո քեփը արամիշըս անըմ: Աղա՛ թուլա տղա, բա՛ իսկի փիքր չը՞ս անըմ, թա ես էլ հար օնեմ, մար օնեմ, տոն օնեմ, տեղ օնեմ...: Բա՛, իսկի՞ մետըդ չըս քրցում, որ քո խոխեքը տյուզնը՛ծարավ կոտորվում են, քո նշանածի աչքերա լացնելու քոռացալա՛...

Սարսափը և զարհուրանքը տիրեց Ջումշուդ– բեկին: Նա սառած նայում էր ծերունու երեսին առանց կարողանալու մի բառ անգամ պատասխանել:

Հանդիսականքն ոչինչ չհասկացան այդ խոսքերից: Միայն Շուշանը, տեսնելով, որ ծերունին ձեռքը ձգեց և կամենում էր բռնությամբ դեպի դուրս քաշել յուր փեսացուն, վազեց և բռնելով նրա թևից, ճչաց.

— Բիձա՛, բիձա՛, ո՞վ ես, ի՞նչ ես անում, ի՞նչ դավի ունիսդրա հետ:

Ծերունին յուր վայրենի դեմքը շրջեց դեպի Շուշանը, պատասխանեց մի փոքր մեղմացնելով յուր գյուղական կոշտությունը. — Ես հու՞ եմ... հըրցնումըս դու, ես էդ անաբուռ տղի խեղճ հարնըմ (ցույց տվեց նա Ջումշուդ՛բեկի վրա), էդ իմ բեղասըլ տըղաս ա՛...

— Ես չեմ ճանաչում քեզ, — պատասխանեց Ջումշուդ՛բեկը:

— Չըս ճանչընը՛մ... յաշը՞մըս էդ մըհակը... — ձայն տվեց ծերունին, բարձրացնելով ահագին մահակն, որ բռնած ուներ ձեռին:

Շուշանն այսքանը հասկացավ, որ ծերունին հայտնեց, թե նա փեսայի հայրն էր. — Ի՞նչ հեր. — ճչաց նա մեջ մտնելով. — սա հեր չունի, սրա հերը մեռել է:

Գյուղացու վայրենի դեմքը ցնցվեցավ մի թթու ծիծաղելով և նա պատասխանեց հեգնորեն, ուղիղ Շուշանի երեսին նայելով.

Հա՛, դրա հարը մռալ ա... ամմա էլլըհա մըռըլ տեղա իրակացալ...:

— Դուն սրա հերը չի՛ս, սա Մելիք Թորոսի վուրթի Զումշուղ-բեկն է, սրա հերը մինծ մարթ էր, քի պես արջ չէր, — պատասխանեց Շուշանն ավելի կրքով:

Իսկ գյուղացին խիստ արհամարհական սառնությամբ ասաց նրան.

— Մելիք Թորոսին տղան ա՛, հա՞... Զիմշուղ՛բեկն ա՛, հա՞...:

— Դրուստ ա՛, Մելիք մորոսին տղան շատ մեծ մարթ ա, ամմա էդ յալանչին (ցույց է տալիս փեսայի վրա) նրան տղան չէ, դա ինձ նման շնեցի առչին ճոտը — Գյուքի՛ն ա, Գյուքի՛ն...

— Գյուքին ո՞վ է, ի՞նչ ես խոսում, դա հիմի իմ փեսեն է:

Վերջին խոսքը զգալի կերպով սարսափ ձգեց ծերունու վրա և նա դարձավ դեպի Շուշանը, հարցնելով.

— Քու փեսադ ա, հա՞:

— Հա՛, իմ փեսեն է, էս գիշեր պիտի պսակենք, տեհնում ե՞ս վուր հարսանիք է, — պատասխանեց Շուշանը, ցույց տալով հանդիսականները:

Ծերունին բոլորովին թուլացավ: Նա դարձավ դեպի որդին այդպիսի անեծքներով.

— Տափը մըննես դու, ըստուծու կեծակը տա քեզ... ըստեղելը՞ս խափալ... ըստեղելը՞ս օզում փսակվես...

Հետո նա դարձավ դեպի Շուշանն որդու վրա ցույց տալով. — Նանի, Հախմիանտերը ընեծի՝ դրան, չորք տարի ա ես օլքից՛օլքա դրա ետնան շոռըմ գալիս, էլ տեղ չմնացալ, որ դա չփսակվի... էլ տեղ չմնացալ, որ ուրան կնեկը բըրախ տված չընի... ամեն շիարում դրան խոխեքը, դրան կնեկները ուզողըթյուն ըն անըմ...

— Պսակվե՞լ զարհուրելով հարցրուց Շուշանը:

— Հա՛, նանի՛, օխտը հետ փսակվալա էդ պտըհասու էկածը... չըհա մըհեկս տանը կնեկ օնի:

Բոլոր հանդիսականքն, որոնք մինչև այն րոպեն զարմացած նայում էին այդ դրամային, քարի պես սառեցան:

— Վա՛յ իմ միրքը... կոչեց Շուշանը գլխին տալով:
— Վա՛յ իմ նամուսին...կոչեց Նատոն ուշքից գնալով:
— Թողե՛ք ես էդ անիծվածին սպանեմ... — կոչեց ուստա Գրիգորը, ուրագը ձեռին առյուծի պես ներս վազելով:
Իսկ «տնայինփեսան» արդեն ուրվականի պես աներևութացել էր...
Սույն միջոցին մի պատանի մոտեցավ ուշագնաց Նատոին. — Ե՛ս իմ քու փեսան, ե՛ս... — կոչեց նա վեր բարձրացնելով նրան հատակի վրայից:
Դա Գիգոլին էր:

ՍՊԱՆԴԱՆՈՑ

Ա

1872 թվականի վերջին ամսին էր: Թ... քաղաքը խորին կերպով մրափում էր գիշերային խավարի մեջ: Իսկ մի խուլ անկյունում, մի փոքրիկ և համեստ սենյակ դեռ լուսավորված էր ճրագի աղոտ լույսով: Այդ աղքատիկ բնակարանում, մահճակալի վրա պառկած էր մի մանկահասակ պատանի, որի գունատ դեմքը, շիջած աչքերը և խորին կերպով հոգվոց հանելը ցուցանում էին, թե նա տանջվում էր ծանր հիվանդությունով:

Նրա մոտ տխուր դեմքով նստած էր մի երիտասարդ և հոգս էր տանում հիվանդին:

Դոքա երկու պանդուխտ եղբայրներ էին, այնքան քնքուշ սիրով միմյանց հետ կապված, որք եկել էին այն քաղաքը Ասիայի խորին անկյուններից: Ավագ եղբայրը յուր պարապմունքով խնամք էր տանում հայրենիքումը թողած ծնողաց ապրուստին, միևնույն ժամանակ հոգալով կրտսեր եղբոր կրթության համար, որ ուսանում էր նույն քաղաքի մի դպրոցում, որ և այն օր հիվանդ դրած էր նրա մոտ:

Պատանին մի փոքր ուշքի գալով՝ բաց արավ փակած աչքերը, և տեսնելով եղբորը յուր մոտ՝ հարցրեց.

— Քանի ժամն է:

— Երկրորդը, — պատասխանեց մեծ եղբայրը:

— Դու դեռ չե՞ս քնել... գնա՛, քնի՛ր, եղբայր, եթե դու էլ հիվանդանաս, ո՞վ կնայե մեզ վրա...

— Իմ քունս չէ գալիս, միայն դու ասա՛, ինչպե՞ս զգում ես այժմ քեզ:

— Ես լավ եմ... դու գնա՛ քնի՛ր:

Երիտասարդը վեր կացավ հիվանդի մոտեն, մոտեցավ դիվանին և առանց հանվելու, ձեռքը ծնոտին դնելով՝ պառկեցավ նրա վրա: Քունը, անբախտների միակ մխիթարությունը, վաղուց հեռացել էր նրա աչքերից: Նա նույն րոպեին ընկղմված էր դառն մտածությունների մեջ... Նա ցավակցությամբ սրտի լսում էր եղբոր ծանր հոգվոց հանելը, որ հեռու հայրենի օջախից, հեռու ծնողաց քնքուշ հոգատարությունից՝ տանջվում էր հիվանդության մեջ:

Բ

Առավոտյան երիտասարդը, երկար սպասելով, երբ նշանակյալ ժամուն բժիշկը չեկավ, կամենում էր գնալ նրան կանչելու: Կրտսեր եղբայրը ասաց նրան.

— Իմ գրասեղանի արկղում դու կգտնես մի քանի տասնյակ ռուբլի, որոնք ես հավաքել էի այն կոպեկներից, որ շատ անգամ տալիս էիր ինձ մխսելու: Ես միտք ունեի նոցանով նոր տարվա համար ինձ հագուստներ կարել տալ, բայց գուցե էլ չպիտի հագնեմ... առ այն փողերը, քեզ հարկավոր կլինին...

Երիտասարդը, չդիպչելով նրա սեփականությանը՝ տխուր զգացմունքով դուրս գնաց տանից: Նա գտավ բժշկին մի այլ հիվանդի մոտ, և մտածելով, որ նրա ուշանալու պատճառը այն պիտի լիներ, որ կանխիկ չվճարեց այցելության համար՝ տվեց նրան յուր մոտ գտնված վերջին տասը ռուբլիանոց թղթադրամը և հրավիրեց եղբոր մոտ: Այնտեղ արդեն եկած էր և մի հայ բժիշկ երիտասարդի ծանոթներից, որ շարունակ այցելություն էր գործում հիվանդին:

Երկու բժիշկները, միասին մտածելով, խորհուրդ տվին երիտասարդին՝ յուր եղբորը տանել հիվանդանոց, որովհետև նրա բնակարանի անհարմարությունր թույլ չէր տալիս մի քանի բժշկական հնարներ գործ դնել, որք անհրաժեշտ պետք էին հիվանդին:

— Բայց կարելի՞ է վստահանալ, որ հիվանդանոցում հոգ կտանեն իմ եղբոր վրա, որպես հարկն էր, — հարցրեց երիտասարդը, դառնալով դեպի բժիշկները:

— Անտարակույս, անտարակույս, — ասացին միաձայն բժիշկները. — այս քաղաքի հիվանդանոցը շատ կանոնավոր ձևով կազմակերպված է:

— Իսկ ի՞նչ միջոցներով պետք է տանել:

— Հարկավոր է միայն ոստիկանության կառավարությանը դիմել. այնտեղ ձեզ կտան թուղթ, որով կընդունվի ձեր եղբայրը հիվանդանոցում: Իհարկե դուք կանխիկ պիտի վճարե՛ք պատկանյալ մի ամսվա արծաթը:

Երիտասարդը համոզվեցավ, բժիշկները հեռացան:

Գ

Մինչ երիտասարդը գնացել էր ոստիկանության կառավարությունից հրաման առնելու հիվանդի մոտ ներս մտավ մի իտալացի պատանի, որոնց տան մեջ բնակվում էին երկու եղբայրները.

— Մայրս ուղարկել է քեզ բուլիոն, — ասաց պատանին, մոտեցնելով հիվանդին մի գավաթ. — խմիր փոքր-ինչ, քանի օր է դու ոչինչ չես կերած:

Իտալացի պատանու մայրը, որ մի երաժշտի կին էր՝ այդ առաքինին միայն էր, որ խնամք էր տանում պանդուխտ հիվանդի պիտույքներին:

Բայց հիվանդը հրաժարվեցավ խմելուց. — Շնորհակալ եմ, ասաց, քո մայրը այնքան բարի է, չէ մոռանում ինձ... նա իմանում է, որ ես այստեղ մայր չունիմ...

— Դե՛, խմի՛ր մի փոքր, դա ուժ կտա քեզ, — ստիպում էր պատանի իտալացին:

— Չեմ կարող, Րիկո, միայն դու ասա՛, ի՞նչ ասացին բժիշկները:

— Նրանք խորհուրդ տվին, որ եղբայրդ քեզ հիվանդանոց տանե:

Սարսափեցավ խեղճ հիվանդը այդ խոսքը լսելով:

— Հիվանդանոցում ավելի շուտ կառողջանաս դու, — քաջալերում էր հիվանդին իտալացի պատանին:

— Չէ՛, Րիկո, ես գիտեմ, որ այնտեղից կրկին չպիտի դառնամ... իմ ընկերներից էլ մինը տարան հիվանդանոց, նա էլ ինձ պես դարիբ տղա էր, քանի ամսից հետո նրա խեղճ հայրը եկավ, մեռած որդու մարմինն էլ չգտավ...

— Ինչպե՞ս չգտավ:

— Ասում են՝ այնտեղ կտրատում են մեռելներին և ածում են ո՛վ գիտե որտե՛ղ...

— Թե վախենում ես՝ մի՛ գնա:

— Շատ եմ վախենում, Րիկո, բայց էլի կգնամ... եղբայրս շատ է մաշվում իմ պատճառով... նա ամբողջ գիշերներ չէ քնում... վախենում եմ նա էլ հիվանդանա...

Դեկտեմբերի տասներեքին պատանին տարվեցավ հիվանդանոց:

Դ

Հենց միևնույն ավուր կես-գիշերին հիվանդը, սաստիկ լուծողական ընդունելով՝ ստիպված էր շուտ-շուտ յուր մահճակալից հեռանար: Մի կողմից նրա անձնական տկարությունը, մյուս կողմից՝ լուծողականի թուլացուցիչ ազդեցությունը մինչ այն աստիճան ուժաթափ էին արել նրան, որ խղճալին մի անգամ վերադառնալու միջոցին այլևս չկարողացավ յուր մահճակալին հասնել, և վեր ընկավ ճանապարհին: Երկար այնպես ընկած էր նա սառն հատակի վրա, երբ նորա դրացի մի հայ պատանի հիվանդ, տեսնելով նրան, զնաց վեր բարձրացրեց անխնամ ընկերին, բերեց, պառկեցուց յուր տեղում:

Հիվանդը, մի փոքր ուշի գալով, ասաց յուր դրացուն.

— Մի՞թե այստեղ չկան սպասավորներ:

— Կան մի քանի արբեցողներ, զուցե հիմա խմած և քնած լինեն, — պատասխանեց նրան ընկերը:

— Բժիշկներն ասացին եղբորս, թե այստեղ լավ են նայում...

— Ահա՛, այդպես, հիվանդները օգնում են հիվանդներին...

Պատանին լռեց և ոչինչ չխոսեց:

Քանի րոպեից հետո պանդուխտ հիվանդի դրությունը ավելի վատ էր: Նա ձայն տվավ յուր դրացի հիվանդին, որի անունը արդեն սովորած էր.

— Մարտիրոս, ես խիստ վատ եմ զգում ինձ:

— Ի՞նչ անեմ, եղբայր, ես էլ քեզ նման մի հիվանդ եմ, — ասաց մյուսը:

— Գիտեմ... միայն աղաչում եմ քեզ լսի՛ր, մի քանի խոսքեր, որ քեզ պիտի ասեմ:

— Դե՛, ասա՛:

— Ես այս քաղաքում դարիբ տղա եմ, ուրիշ ազգական չունիմ, բայց ունիմ մի եղբայր, գիտեմ, նա առավոտյան այստեղ կգա և ես չեմ կարողանալու նրա հետ խոսել... Նա ինձ մեռած կգտնե... դու ասա՛ նրան, որ մորս չգրե իմ մահը, նա շատ էր սիրում ինձ, թող լաց չլինի իմ մասին... ասա՛ եղբորս, վարժարանում դասընկերներիս մինի՝ Ն...յանի մոտ ունեմ մի քանի գրքեր, մինը ֆրանսերեն, մինը ռուսերեն և մյուսը հայերեն, ասա՛, այդ գրքերը նրան թողնե, որովհետև այդ տղան շատ է պարապել ինձ հետ... ասա՛, մանդրուք ծախող Խեչոյին պարտական եմ քսան կոպեկ, որից ես թուղթ էի առել, ասա՛, այն պարտքը, վճարե...

Եվ այլ մի քանի այդպիսի խոսքեր ասելուց հետո, հիվանդը կատարեց յուր կտակը և հավիտյան փակեց յուր աչքերը...

Ե

Մյուս ավուր առավոտը, մինչ մեռնողի մարմինը կտրատում էին անատոմիկական կաբինետում, եղբայրը հիվանդանոց եկավ նրան տեսնելու: Նա մոտեցավ դռնապանին, հայտնեց հիվանդի անունը, ազգանունը և յուր ցանկությունը, որ կամենում է նրան տեսնել:

— Ներեցե՛ք, պարոն, չէ կարելի, որովհետև այսօր թույլ տված չէ հիվանդներին այցելություն անել, — պատասխանեց դռնապանը պաշտոնական ձևով:

— Այդ ի՞նչ պատիժ է, — ասաց երիտասարդը վրդովվելով, — ես չե՞մ կարող տեսնել հիվանդ եղբորս:

— Այո՛, պարոն, դուք կարող եք տեսնել նրան միայն կյուրակե օրերը, — կրկնեց դռնապանը ավելի սառնությամբ:

— Մինչև կյուրակեն դեռ երեք օր կա, գոնյա՛ տվեք ինձ մի լուր նրա մասին:

Դռնապանը մոտեցավ բժշկի օգնականին, խոսեց նորա հետ և դառնալով հայտնեց երիտասարդին, թե նրա եղբայրը այժմ շատ լավ է:

Մի փոքր մխիթարվելով այդ խոսքերից՝ երիտասարդը դարձավ տուն և մեծ անհամբերությամբ սպասում էր կյուրակե օրվանը:

***

Եկավ բոթաբեր կյուրակեն:

Թեև մինչև այն օրը երիտասարդը ոչինչ լուր չուներ եղբոր մասին, այսուամենայնիվ նա խիստ ուրախ էր, որ կարող էր տեսնել նորան: Նա վեր առնելով յուր հետ հիվանդի ընկեր իտալացի Րիկոյին, կառք նստեց և դիմեց հիվանդանոց: Ճանապարհին նրանք մտան մի խանութ, գնեցին զանազան շաքարեղեններ, որ տանին հիվանդի համար:

Կես ժամից հետո նոքա հասան հիվանդանոցը: Դռնապանը, թեև այն օր չարգելեց նոցա մուտքը՝ այնուամենայնիվ դիմեցին նրան, գիտենալու, թե ո՛ր սենյակումն էր գտնվում հիվանդը:

Դռնապանը այդ մասին չկարողացավ ոչինչ տեղեկություն տալ նրանց: Նրանք դիմեցին հիվանդանոցի կառավարչին: Նա քրքրելով գրքերը՝ դարձյալ ոչինչ տեղեկություն չկարողացավ տալ:

Երիտասարդը անհամբեր դրության մեջ էր: Կարծես ոչ ոք տեղեկություն չուներ նրա մասին:

— Դուք չգիտե՞ք. թե որ սենյակումն է գտնվում իմ եղբայրը, — հարցրեց նա կառավարչին:

— Միթե հե՞շտ է գիտենալ, այնքան շատ են հիվանդները, — խոսեց կառավարիչը հորանջելով:

Երիտասարդի համբերությունը հատավ:

— Այդ ի՞նչ սարսափելի կառավարություն է... — կոչեց նա:

Կառավարիչը սկսավ տեղեկանալ հիվանդի մասին բժիշկների օգնականներից:

— Ո՞ր հիվանդի մասին եք հարցնում, պարոն, — խոսեց մի լղար ֆելշեր:

— Իմ եղբոր, Ա... Մ...յանի մասին, — պատասխանեց երիտասարդը զայրացած կերպով:

— Հա, Ա... Մ... յանին կամենում եք դուք տեսնել, — կրկնեց ֆելշերը խորհրդական ձայնով: — Գնանք պարոն, ձեզ ցույց կտամ նրան:

Երիտասարդը մի փոքր հանգստացավ և ուրախությամբ սկսավ դիմել ֆելշերի ետևից, որ տանում էր նրան մի ստորերկրյա ճանապարհով: Բայց այն խոնավ և սառն գալերեաները, որտեղից հոսվում էր մահաբեր արտաշնչություն՝ մյուս անգամ դող ձգեցին նրա սրտի մեջ, մինչև ֆելշերը ներս տարավ նորան մի սենյակ, ուր կարգով դրված էին մի քանի դագաղներ:

Երիտասարդը սարսափեցավ:

— Որոնեցե՛ք, պարոն, դոցա մեջ կգտնեք ձեր եղբորը, — ասաց նա դժոխային սառնասրտությամբ:

Երիտասարդը գրկեց մի գեղեցիկ դիակ, որ որպես գերանդու բերնից հնձված մի շուշան, այլանդակված էր խիրուրգի անգութ դանակից...

— Սպանդանո՛ց է այստեղ, և ոչ հիվանդանոց... — հառաչեց խղճալին, և նրա ձայնը կտրվեցավ:

— Փառք տուր աստծուն, պարոն, — ասաց մահու թագավորության սպասավորը. եթե մի քանի րոպե հետո գայիր, այդ դիկն էլ չէիր գտնելու դու: Բայց ես պահեցի նորան մտածելով, որ դա նշանավոր ոմն պիտի լինի... իհարկե, պարոն, դուք կշնորհեք ինձ մի բան օղի խմելու...

Երիտասարդը չլսեց այդ խոսքերը: նա ուշաթափ ընկած էր եղբոր դիակի վերա...

ԱԿՆ ԸՆԴ ԱԿԱՆ

Ա

Ամառային գեղեցիկ երեկոներից մինն էր:

Մի հոյակապ երեքհարկանի տան վերին սենյակներից մինի մեջ, եվրոպական փառավոր կիսաթախտի վրա, ծանր նստած էր Շնիգելենց Բաստամ Մարտինիչը:

Դա մի մարդ էր քառասուն տարեկան, միջակ հասակով, ուռած փորով, կոլորված յուր չուխայի մեջ, ձևացնում էր մի կլորիկ գունդ, որ ավելի նման էր գինետների տճկորներին, քան թե ադամորդու:

Նրա աղյուսագույն կարմիր դեմքը, խուզած ընչացքը, խնամքով ածելած ուռած թշերը միախառնվելով հաստ շլնքի հետ, կազմում էին վրացու փլած պարկ:

Նրանցից հեռու, թանկագին բազկաթոռի վրա նստած էր մի մանկահասակ տիկին, ոտքից ցգլուխ հագնված փառավոր հագուստներով: Նրա գեղեցիկ, նույն րոպեին գունատված դեմքը, խիստ տխուր էր, նրա սևորակ աչքերում նկարված էր խորին տհաճություն, բորբոքված ներքին վրդովմունքով:

— Անան ջան, քու հոգուն մատաղ, — ասաց Բաստամ Մարտինիչը. — Վասոն մի դարիբ-մունդրեկ տղա է, միր քաղքումը օչով օքմին չունե, էքան տարի դուքնումս պահիլ իմ նրան, մինձացրիլ իմ, հիմի նուր խելքը բան է կտրում, առուտուրը մի քիչ սորվիլ է, ինձ պետքն է գալիս... Ամա դու ասում իս, վուր նրան դուրս անիմ, Անան ջան, հիմի վո՞ւնց կուլի վուր նրան դուրս անիմ: Մի քանի տարի էլ թո՛ղ մնա, խելոք տղա է, ավելի բան կու սորվի, իժում թե միզմեն դուրս էլ գնա, իրա համա կանա մի դուքան սարքի, սակութար առուտուր անի, մի կտոր հացի տեր դառնա: Էն վուխտը գիտի՞ս միզ համա վո՛ւրքան պարծանք է, երբ կոսին, Բաստամ Մարտինիչի հասցրած տղեն է...

Գեղեցիկ տիկինը, թեև համբերությամբ լսեց յուր ամուսնու խոսքերը, այսուամենայնիվ նրանք խիստ վատ տպավորություն ունեցան յուր սրտի վրա: Նա դարձավ դեպի Բաստամ Մարտինիչը, ասելով՝

— Ա՛ մարդ, գժվիլ ի՞ս, թե խիլքդ կորցրիլ իս, էդ ինչե՞ր իս

խոսում: Գանա դու մարդ չի՞ս, գանա դու նամուս չունի՞ս... Ես գիտիմ վուր չունիս... (խոսքը փոխեց նա): Թե վուր դու նամուսով մարդ ըլեիր, խալխի էսքան բամբասանքը, էսքան թուք ու մուրը, վուր քիզ տալիս ին էն տղի խաթրու, քիզ կու խրատեին: Բայց մարդ չիս, դուն էլի լիս ամաչում, դուն էլի քու ծուռը ճամփով իս գնում...:

Այդ նախատական խոսքերը, որոնք կատաղության չափ կարող էին բորբոքել մի այլ տղամարդու, կարծես թե չազդեցին Բաստամ Մարտինիչի քարացած սրտին, որովհետև նա վաղուց էր սովորել անամոթ կերպով յուր երեսին թուք ու մուր կրելը...: Միայն նա յուր սովորական կոշտությամբ դարձավ դեպի յուր տիրուհին, ասելով՝

— Գանա դու կարծում իս, ինչ վուր ասում ին ինձ համա էն տղի խաթրու, դիփ դուրթ ին ասո՞ւմ:

— Ի՞նչ բան կա աշխրքումս, վուր թաքուն մնա, — պատասխանեց տիկինը: — Գանա խալխն աչք չունե՞, գանա խալխը խիլք չունե՞: Գանա նրանք չին գիտո՞ւմ քու դուքնումը ի՛նչիր են ըլո՞ւմ... Ասինք թե դուն գժված իս մի խայտառակ սիրով, ու վուչինչ չիս հասկանում, մագրամ մե աստվածդ էլա միտդ բեր, մե փիքր արա, վուր դուն ջահիլ կնիկ ունիս...:

Եվ գեղեցիկ տիկինը չկարողացավ վերջացնել յուր խոսքը, արտասուքը խեղդեցին նրան, և մարգարտյա կաթիլներն սկսան գլորվել նրա սպիտակ թշերի վրա:

Կնոջ ողորմելի դեմքը երևի ճմլեց Բաստամ Մարտինիչի վայրենի սիրտը, և նա, բարձրանալով կիսաթախտից, մոտեցավ յուր ամուսնուն, բռնեց նրա ձեռքը, ասելով.

— Անան ջան, քու հոգուն մատաղ, մի՛ հավատա բամբասանքներին, դուն իս իմ սերը, դուն իս իմ հրեշտակը, ես քեզ սաղ աշխրքի հիդ չիմ փոխի:

Տիկինն ուշադրություն չդարձրեց այդ խոսքերին, որովհետև առաջին անգամը չէր, որ նա լսում էր յուր ամուսնուց այդպիսի բառեր:

Իսկ Բաստամ Մարտինիչը չոքեց նրա առջև և երեսը դարձնելով դեպի անկյունում դրած սուրբ տիրամոր պատկերը, ասաց.

— Տե՛ս, թե սուտ ըլիմ ասում, էս սուրբ աստվածածինն ինձ փչացնե, թե սուտ ըլիմ ասում, դժոխքի փայ դառնամ, սատանեքանց ճանկերումը քրքրվիմ, թե սուտ ըլիմ ասում, հոբ երանելի պես օրթունքի կերակուր դառնա իմ ջան ու ջիգարս.... հավատա՛, Անան ջան, վուր ես քիզմե սավայի ուրիշ սեր չիմ գիտի...:

Տ. Աննայի սիրտը քնքուշ էր: Այդ սարսափելի երդումները լսելուց հետո նրա կասկածանքները փարատվեցան, և նրա սրտում այլևս ոչինչ երկբայություն չմնաց դեպի յուր ամուսնու հավատարմությունը:

Բ

Տ. Աննան էր մինը այն կանանցից, որի ամուսնությունը կարող է համարվել բախտավորություն յուր տղամարդուն:

Նա գեղեցիկ ամուսին էր. նա բարեսիրտ կենակից էր. նա խելացի տանտիկին էր:

Նրա ծնողքը, թեև մեծ հարսնաբաժինքով, այնուամենայնիվ տվին նրան Բաստամ Մարտինիչին, քառասնամյա փտած և մոլաբարո վաճառականին, միայն աչքի առաջ ունենալով, որ նա հարուստ էր, և նրա փողով իրանց աղջիկը կարող էր բախտավոր լինել:

Իրավ է, նրանք իրանց հաշվի մեջ սխալվեցան, այսուամենայնիվ այդ սխալմունքը նրանց զգալի չէր, թեև շատ, անգամ նրանք լսում էին իրանց դստեր գանգատները յուր տղամարդուց և շատ անգամ տեսնում էին նրա արտասուքը:

Նա ամբողջ երկու տարի էր ինչ պսակվել էր Բաստամ Մարտինիչի հետ, բայց տակավին ոչ մի երեխա չուներ: Անզավակ մնալու ցավն ավելի ևս շատ էր տանջում նրան...:

Մի օր երեկոյան պահուն նա միայնակ նստած էր իրանց պատշգամբում և բարձրից տխուր կերպով նայում էր լայն փողոցից անցուդարձ անողների վրա: Ամեն մի առարկա, ամեն մի տեսարան, ներգործում էին նրա սրտին անախորժ տպավորություններ, զարթեցնում էին նրա մեջ դառն զգացմունքներ.... Կարծես թե նա երբեք չէր հրապուրվում յուր շրջապատող երևույթներով...:

Հանկարծ երևան եղավ Բաստամ Մարտինիչը:

— Անան ջան, — ասաց նա ուրախ դեմքով մոտենալով յող կնոջը. — էս գիշեր լետնի թրիատրումը, ասում ին, հեստի մի օյին պտիս սարքի, վուր զարմանալի. ասում ին, հրաշքնիր պտին նշանց տա, ու մի շար (օդապարիկ) պտին բաց թող տա, մեջումը մարդիկ նստոտած:

— Էդ վո՞ւնց կուլի, մաշ էն մարդիկը վիր չին ննգնի՞, — զարմանալով հարցրեց տիկինը:

— Աստված վուչ գիտի նրանց գլուխը. հեստի սատանի շտուկնիր ին մոգոնում, մարթ մնում է զարմացած. դրուստ աչքակապնիր ին էլի, — պատասխանեց Բաստամ Մարտինիչը:

— Մաշ մինք չպտինք գնա՞:

— Վո՛ւնց չէ, մազրամ վուրքան ման էկա, չկարացի մի լոժա էի բռնի, դիփ բռնոտած ին:

— Մաշ վուչ մինն էլ չի մնացի՞:

— Քիզ ասում իմ դիփ բռնոտած ին. մազրամ հիմի ճամփին միր կնքավուր Իսակ փալանիչը ռաստ էկավ, նա ասաց, թե իրա կնկան համա մի լոժա ունի բռնած, ես խնդրեցի, վուր իրա տիղը քիզ տա, ես նրա համա մի կրեսլի բիլեթ առա:

— Էդ Լավ էլի:

— Մաշ վատ է էլի՛, — կրկնեց Բաստամ Մարտինիչը ծիծաղելով. — դե՛ շուտ արա, Անան ջան, շորերդ հագի՛, թրիատրը սկսվում է ութը սհաթին, ջեր օխտն է, կես սհաթից հետո Իսակ փալանիչի կնիկը, Սոնան էստի գուքա, նրանց կարեթումը նստիս, կու գնաս:

— Մաշ դու չպտիս գա՞:

— Վո՞ւնց չիմ գա. քիզ մենակ խոմ չիմ թողնի. իս ինձ համա կրեսլա ունիմ առած: Դե՛, դուն գնա հագնվի՛, չուշանաս:

Տիկինը մտավ յուր զարդարանաց սենյակը, սկսավ հագնվել:

Բաստամ Մարտինիչը միայնակ անցուդարձ էր անում պատշգամբի վրա: Նրա վայրենի դեմքն արտահայտում էր ծայրահեղ գոհունակություն: Նա խոսում էր ինքն իրան. «համա լավ ըշտուկ սարքեցի հա՛ կնկա ծամերը էրգեն կուլի, խիլքը կարճ...: հիմի դրան ճանապար կու զցիմ Իսակ փալանիչի կնկա հիդ, ես կու մնամ տանը, նա էլ գուքա, ինչ քեփ կոնիմ է՛»...:

Տ. Աննան զուգված, զարդարված, յուղված և կոկված դուրս եկավ յուր սենյակից:

Նրա վայելչագեղ դեմքը նույն րոպեին հրաշալի էր:

Նույն միջոցին սանդուղքներից դեպի վեր էր բարձրանում մի մանկահասակ պատանի, փափուկ թշերով, տխլիկ սիրուն թուխ աչքերով և նուրբ հոնքերով: Նրա կարճլիկ անտիկ, մորե արխալուղը և պճնաձև չուխան, եզերավորված ոսկի ժապավենով, ընծայում էին այդ գեղեցիկ պատանուն մի պճնասեր թավադի կերպարանք:

Պատանին մոտեցավ Բաստամ Մարտինիչին, երբ նա խոսում էր յուր կնոջ հետ:

Պատանու գայթակղիչ կերպարանքը կարծես դյութական ազդեցություն ունեցավ Բաստամ Մարտինիչի վրա, նա թողեց յուր կնոջն առանց ուշադրության և դարձավ դեպի պատանին.

— Վա՛, Վասո՛, վուրթի, դուքանը կողպեցի՞ր, — հարցրեց նա:

— Հրամանք իս, աղա, — պատասխանեց պատանին կարմրելով և տվավ նրան բալանիքները:

հանկարծ Բաստամ Մարտինիչի դռանը զոռալով կանգնեց մի կառք: Եվ մի քանի րոպեից հետո թրթռալով վեր վազեց մի լղարիկ, բայց գեղեցիկ հագնված տիկին:

— Դե, Անան ջան, շո՛ւտ արա, վուխտն անց է կենում, հիմի շարը կու թողնին: Ասաց նա շտապելով:

Դա Իսակ փալանիչի կինն էր:

— Էս նիմուտին, էս նիմուտին, Սոնա ջան, կաց մանտոս վեր առնիմ, — ասաց տ. Աննան և ներս վազեց յուր սենյակը:

Երբ նրանք պատրաստվեցան գնալու, պատանին մոտեցավ Բաստամ Մարտինիչին՝ ասելով.

— Աղա, Թաթուխովն ասաց, վուր ինչ կլի սիաթի ութը ինձ տանն սպասե, վուր ես զամ կանդրախտը բերիմ, խոսելու բան ունիմ:

— Դե՛, արի դու սատանի բանին մտիկ տու, — ասաց նա դառնալով դեպի յուր կինը և տ. Սոնան: — Թուրքը սուտ չի ասի խոմ. «Նազիլին շիրին իրընդե, կոսե, մլթոնի դեդի Ալլախ սախլասն» կոսե: (Խոսակցության քաղցր միջոցին մլթոնին ասաց՝ աստված օգնական):

— Նա էգուց գնում է՞, — հարցրեց Բաստամ Մարտինիչը պատանուց:

— Հրամանք իս, ա՛ղա, առավոտը օխտը սիաթին պիտի գնա, — պատասխանեց Վասոն:

— Հիմա ի՞նչ պտիմ անի, — անվճռական կերպով խոսեց Բաստամ Մարտինիչը, դառնալով դեպի յուր կինը:

— Ինչ պտիս անի՞, — կրկնեց տ. Աննան, — ես առանց քեզ չիմ կանա գնա:

— Վո՞ւնց կուլի վուր քիզ մենակ թող տամ, — ասաց Բաստամ Մարտինիչը, — մազրամ ես էլ փիքր եմ անում, թե վուր էն մարթուն չտեհնիմ, հինգ հարյուր թուման զարար ունիմ:

— Դե՜, Անան ջան, էս վո՞ւնց կուլի, վուր մարթիդ վնաս իս տալիս, — ասաց Սոնան, — մինք կու գնանք: Բաստամ Մարտինիչն էլ իժում գուքա:

— Ա՜յ լավ ասացիր, հա՜, — կոչեց Բաստամ Մարտինիչը, — քու խիլքը միզմեն լավ բան կտրից, հախ աստուծ. հիմի ջեր օխտի կեսն է. դուք գնացեք, չետվերտ սիաթ չի քաշի ես էլ գուքամ, մի հինգ մինուտ Թաթուխովի հիդ խոսելու ունիմ:

Տ. Աննան և տ. Սոնան նստելով կառք գնացին դեպի թատրոն:

Գ

Կառքը սահում էր Գոլովինսկի պրոսպեկտով. Սոնան շատախոսում էր, թե այն գիշեր ո՛րպիսի զարմանալի բաներ պիտի տեսնեին, նա մին-մին ասում էր, թե ո՛ւմ կնկանը, ո՛ւմ աղջկանը այն գիշեր թատրոնում կտեսնեին: Բայց շատախոս Սոնայի խոսքերն ամեննին չգրավեցին գեղեցիկ Աննայի ուշադրությունը, նա նույն ժամուն բոլորովին լուռ էր. թվի թե մի ներքին հուզմունք վրդովում էր նրան...:

Կառքը կանգնեց թատրոնի դռան հանդեպ:

— Վա՜յ մե, — հանկարծ ասաց տ. Աննան, — ես մոռացա կողպել իմ կամոդը, նա բաց մնաց, հիմի միր բճեքը, քծերը, կուգողնան իմ օսկին ու բրլիանտի իքմնիրը:

— Հիմի ի՞նչ պտիս անի, Անան, — հարցրեց Սոնան տխրելով:

— Ինչ պտիմ անի՞, խոմ չիմ կանա բաց թողնի, հիդ կեհամ տուն, կուկողպիմ ու էլի յիդ գուքամ:

— Էս վո՞ւնց կուլի:

— Վո՞ւնց պտի ըլի, Սոնա ջան, գենացվալե, խոմ չի ըլի վուր բաց մնա. էս նիմուտին ես յիդ կուգամ, ինչկլի դու բաղումը մի քիչ ման գուքաս:

— Մենակ վո՞ւնց պտիս գնա. թող մեր բճին ղրկինք, գնա Բաստամ Մարտինիչին ասի:

— Չէ՜, Սոնա ջան, սեկրետնի բանիր ունիմ... ինքս պտի կողպիմ. ձիր բիճը թող նստի կոզլի վրա՝ ինձ հիդ գա:

Տ. Աննան դարձավ դեպի տուն. իսկ Սոնան մտավ պարտեզը և զբոսնելով սպասում էր տ. Աննային:

Կասկածանքը... նախանձը... և ներքին տհաճությունը, որոնք

նույն րոպեին խռովում էին տ. Աննայի սիրտը, մինչ այն աստիճան վրդովել էին մանկահասակ տիկնոջը, որ նա ամենևին չնկատեց, թե ո՛րպես հասավ յուր տուն: Եղնիկի արագությամբ նա վեր վազեց սանդուղքներից և ուղիղ դիմեց դեպի ամուսնու սենյակը, ուր նույն ժամուն ճրագ էր վառվում: Նա մեղմիկ քայլերով մոտեցավ դռանը, ձեռքը տարավ սողնակին, տեսավ դուռը ներսից կողպած էր:

Նա դիմեց դեպի լուսամուտը, որի վարագույրը ներսից անզգուշությամբ բոլորովին ձգած չէր: Եվ նրա աչքի առջև երևան եղավ մի օտարոտի տեսարան... նա տեսավ, Բաստամ Մարտինիչը յուր հոգու ամենազվարճալի տրամադրության մեջ յուր գոգում գրկած ուներ պատանի Վասոյին:

Տիկինն իսկույն երեսը շրջեց, այլևս չուզեց նրանց վրա նայել, նա դարձավ, յուր մտքի մեջ ասելով, — «Նա սարսափելի օրթումներով հավատացրեց ինձ... բայց խաբի՜ց...ես էլ կուառնիմ նրամեն իմ վրեժը...»:

Բակումը նրան հանդիպեց Թինաթին աղախինը:

— Թաթուխովն էստի էլիլ է՞, — հարցրեց նրանից տիկինը վրացերեն լեզվով:

— Ո՜չ, — պատասխանեց իմերելուհին: Աղան հրամայեց ոչ ոքի չընդունել և ասել թատրոնումն են:

— Ես էլ հրամայում իմ օչովին չասիս, թե դուն ինձ տեսիլ իս, հասկացա՞ր:

— Այո՜, աղջիկ-պարոն, — պատասխանեց խոնարհ Թինաթինը:

Նա կրկին նստեց կառքը և դիմեց դեպի թատրոն:

Երրորդ գործողության խաղամիջոցին տ. Աննան տ. Սոնայի հետ զբոսնում էին թատրոնի պարտիզում, որ նույն ժամուն լուսավորված էր էլեկտրական կրակներով: Նրանց մոտեցավ մի նորահաս երիտասարդ, վայելչահասակ, շքով հագնված և քաղաքավարի. նրա շլյապան, ակնոցները, սև մորուքը և երկայն ստուդենտի մազերը ցուցանում էին, թե պարոնը նորավարտ ուսանողներից է:

Տ. Սոնան ձեռքը տվավ նրան և բարովեց, որպես յուր նախածանոթին, այլև ծանոթացրեց երիտասարդը յուր ընկերուհու հետ: Պյոտր Իվանովիչ Զուլֆիկարովի — այսպես էր նրա անունը, շնորհաշուք սեթևեթները յուր վրա դարձրեց մանկահասակ տիկինների ուշադրությունը: Մողնի երիտասարդը ռուսերեն լեզվով ավելացրեց մի այսպիսի կոմպլիմենտ, դառնալով դեպի տ. Աննան.

— Ձեր տեսությունը, պատվելի տիկին, առանձին հաճություն է պատճառում ինձ:

— Շնորհակալ եմ ձեր բարի ուշադրության համար, — պատասխանեց տ. Աննան նույն լեզվով:

Խոսակցությունը նրանց մեջ տևեց երկար: Երիտասարդը մայրաքաղաքի ուսած ֆրազներով հրճվելու չափ հրապուրում էր տիկիններին: Հանդիսականների շշունջը, որոնք ամեն կողմից հավաքվեցան նայելու, թե որպես բաց էին թողնում փոքրիկ օդապարիկը, ընդհատեց նրանց մեջ դեռ նոր տաքացած քաղցր խոսակցությունը:

Օդապարիկը մի հասարակ օդապարիկ էր, որի նմանները շատ անգամ գիմնազիստները բաց են թողնում զվարճացնելու համար, թեև նրա շինողը խաբել էր հասարակությանը, թե միջումը մարդիկ պիտի վեր բարձրանան: Այսուամենայնիվ այդ բանն առիթ տվավ Զուլֆիկարովին հայտնել յուր բոլոր սերտած բառերը ֆիզիկայից և քիմիայից՝ սկսյալ գիմնազիոնական կուրսից մինչև համալսարանի դասերը...: Սակայն տիկինները ոչինչ չկարողանան հասկանալ:

Թեև տիկնայքը ոչինչ չհասկացան, բայց չկարողացան չերևակայել, որ այդքան իրանց անհասկանալի բառեր գիտցող պարոնն անպատճառ մի մեծ հանճար, մի մեծ գիտության տեր պիտի լիներ:

— Օդը, — ասաց երիտասարդը հայերեն լեզվով, — բաղկանում է մի քանի մասերից, թթվածնից, ածխածնից, ջրածնից և գազից: — Ածխածին կոչվածն այն է, ինչ որ դուք ասում եք գործլի, իսկ թթվածինը ձեզ կարծեմ հասկանալի կլինի, որովհետև թթու բառը դուք լավ եք հասկանում:

Բայց ջրածինը և գազը դեռ չմեկնած մեր բնագետը, տ. Սոնան ընդմիջեց նրա խոսքը դառնալով դեպի յուր ընկերուհին. — Լսում ի՞ս, Անան ջան, օդի մեջ գործլի էլ կա, թթու էլ ին դնում:

Գազի մասին ոչինչ չէր մեկնել երիտասարդը, որովհետև տիկիններն արդեն գիտեին, թե ինչ բան էր:

Զանգակը հնչեց, և նրանք շտապեցին դեպի թատրոն:

Բայց տ. Աննան անլսելի ձայնով շշնջաց երիտասարդի ականջին մի այսպիսի խոսք. «Դուք ամեն օր ցերեկները կարող եք ինձ տանը գտնել...»:

Գ

Անցավ ամբողջ մի ամիս:

Վերջին տեսարանը՝ Բաստամ Մարտինիչի սենյակում մինչ այն աստիճան վատ տպավորություն ունեցավ տ. Աննայի սրտին, որ նրա բոլոր հավատարմությունը կորավ դեպի յուր ամուսինը:

Այդ պարզ, անխարդախ կինը, որ այնքան անկեղծությամբ կապված էր յուր հասակին հակասական մի ծերունի էակի հետ, սկսավ զզվանքով նայել նրա վրա, սկսավ ատել նրան:

Վայելչագեղ երիտասարդը, Պյոտր Զուլֆիկարովն արդեն շուտ շուտ երթևեկություն էր սկսել Շնիգելենց տուն: Բաստամ Մարտինիչի պարապմունքը և նրա բացակայությունը յուր տանից, որ ստիպում էր նրան առավոտյան ութ ժամին յուր խանութը գնալ և մնալ այնտեղ մինչև երեկոյան իննը ժամը, հնար էին տալիս երիտասարդին շատ անգամ ամբողջ ցերեկն անցուցանել գեղեցիկ Աննայի մոտ, և այդպիսով Զուլֆիկարովի հարաբերությունները՝ դեպի բարոյական անկման գլորվող տիկինը օրեցօր դառնում էին մերձավորական:

Մի օր ճաշից հետո, հինգ ժամին, տ. Աննան ուղարկեց յուր բոլոր ծառաները և աղախինները տանից դուրս՝ ամեն մինին մի գործով: Տանը մնաց միայն մի փոքրավոր, Կոտե անունով:

Տ. Աննան յուր սենյակում միայնակ նստած կարծես սպասում էր մեկին:

Հանկարծ հայտնվեցավ Զուլֆիկարովը:

— Ներողություն, Աննա Բաստամովնա, — ասաց նա ռուսերեն լեզվով, բարեկամաբար մոտենալով տիկնոջը, — ես խոստացել էի քեզ մոտ լինել հինգի կեսին, ափսո՜ս, կես ժամ ուշացա:

— Այդ ոչինչ, ես ուրախ եմ, որ դու վերջապես եկար, — պատասխանեց տիկինը քաղցր ժպիտով:

— Մի՞թե իմ գալուստն այդքան ցանկալի էր քեզ, — ասաց երիտասարդը տիկնոջ սպիտակ ձեռքը հպցնելով յուր շրթունքին:

— Մի՞թե դու չգիտես այդ...:

— Ես գիտեմ, իմ նազելի, ես գիտեմ... ինչպե՞ս կարելի է չգիտենալ...:

Նրանք նստեցին կիսաթախտի վրա՝ միմյանց շատ մոտ: Երիտասարդը յուր ձեռքում ուներ տիկնոջ փոքրիկ ձեռքը:

— Որպիսի՜ գեղեցիկ ձեռք ունես, Անիչկա. իմ ցանկությունս

գալիս է, մի խոսքով ուտել նրան, — ասաց երիտասարդը ծիծաղելով:

— Ա՜խ, ի՜նչ անհագն ես դու, Պյոտր, — պատասխանեց գեղեցիկ տիկինը: — Եթե ես հայտնեմ քեզ, որ մեր տանը այժմ ոչ ոք չկա, դու կցանկանայիր ինձ բոլորովին ուտել:

— Ուրեմն մեզ չեն արգելի:

— Այո՜:

Երիտասարդը չկարողացավ զսպել յուր իրճվանքը, գրկեց նրան:

— Սպասի՜ր, Պյոտր, ի՞նչ անհամբեր ես դու, — ասաց տ. Աննան և թողնելով Զուլֆիկարովին յուր սենյակում, դուրս եկավ դահլիճը:

Նա քաշեց զանգակը և շուտով հայտնվեցավ փոքրիկ Կոտեն:

— Ա՜ռ այս նամակը, — ասաց նա վրացերեն լեզվով, — և շուտ հասցրու աղային:

Էոքրավորը ծտի պես թռավ: Տիկինը դարձավ դեպի յուր իդեալը և ներսից կողպեց դուռը:

Քառորդ ժամից հետո Կոտեն տվավ Բաստամ Մարտինիչին յուր տիկնոջ նամակը, նրա մեջ գրված էր մի լակոնական տող միայն.

«.ս սաստիկ հիվանդ եմ, շտապեցե՜ք ինձ մոտ»:

Կարդալով նամակը Բաստամ Մարտինիչը թողեց խանութը և վազեց դեպի տուն:

Նա հասնելով տուն, շտապեց կնոջ սենյակը, բայց նրա սենյակի դուռը փակ էր: Մի րոպեում նա շրջեց բոլոր սենյակները:

Նրան հանդիպեց փոքրիկ Կոտեն:

— Ո՞ւր է աղջիկ-պարոնը, — հարցրեց նրանից:

— Յուր սենյակումն է, ա՜ղա, — պատասխանեց փոքրավորը. — լուսամուտը զարկեցեք, կարելի է քնած լինի:

Բաստամ Մարտինիչը վազեց դեպի լուսամուտը, ներս նայեց և նրա աչքի առջև ներկայացավ մի կարիկատուրային պատկեր, Զուլֆիկարովը և յուր սիրուհին, գրկախառնված, գտնվում էին սիրո ծայրահեղ հոգեզմայլության մեջ...:

Մի քանի րոպե Բաստամ Մարտինիչն անմռունչ նայում էր նրանց վրա, մինչև տ. Աննան ներսից լուսամուտը բանալով, ասաց նրան վրացերեն լեզվով. — «Ես արդեն իմ վրեժն առա քեզմեն... Ես դասը քեզմեն սովորելով... Ակն ընդ ական»:

ԹԱԹՌՄՆԵՐ

Ա

Արշալույսը դեռ նոր սկսել էր շառագունել:

Աշնան գեղեցիկ առավոտներից մինն էր: Թիֆլիսի գերմանական գաղթաշենքից դուրս մեծ ճանապարհի վրա, կարգով շարված էին մի քանի ֆայտոններ և մի կողմում կանգնած էր ուղևորի կառքը: Հայր, մայր, քույր, եղբայր և ազգականներ, լի բարենպատակ հույսերով, ճանապարհ էին դնում պատանի Միշային դեպի Մոսկվա, որը ավարտելով տեղային գիմնազիոնում, դիմում էր դեպի մայրաքաղաքը բարձր ուսում ստանալու: Բոլորի դեմքերի վրա փայլում էր ուրախություն, բաժակները դատարկվում էին և ամեն մինը բարեմաղթում էր ուղևորին բախտ և հաջողություն:

— Շուտ արեք, աղա՛, — շտապեցնում էր կառավարը, պղնձի նման կարմիր դեմքով, չնայելով որ նա ստացել էր մի քանի բաժակ արաղ համբերելու համար:

Պատանին համբուվեցավ բոլորի հետ և պատրաստվում էր նստել կառքը: Նրան մոտեցավ հայրը լի ծնողական զգացմունքով:

— Աշխատի՛ր, Միշա ջան, լավ սորվե, որ մարդ դառնաս... — կարդում էր նա յուր վերջին խրատը:

Պատանին բազմախորհուրդ կերպով ժպտաց, այդ ժպիտի մեջ արտահայտվում էր մանկական եռանդի բոլոր ինքնավստահ հաստատամտությունը դեպի հառաջադիմություն:

Նա մոտեցավ մորը:

— Շարֆդ լավ կապիր, բաշլիկդ ծածկե, կմրսես, Միշա ջան, — ասաց մայրը դողդոջուն ձայնով, և արտասուքը մանրիկ կաթիլներով ցայտեց նրա բազմահոգ աչքերից:

— Տե՛ս, չմոռանաս, Միշա ջան, — ասում էր քույրը, մի գեղեցիկ նորավարտ օրիորդ: — Շուտ-շուտ նամակ գրե՛, չմոռանաս...

— Ինձ համար իկրուսկի բեր, — ասաց փոքրիկ եղբայրը, Միշան այդ բոլոր պատվերներին պատասխանում էր միայն գլխի շարժումով և երեխայական անմեղ ժպիտով: Նրա սիրտը հուզված էր, նա հրապուրված էր յուր ապագա հույսերի երազներով...

Վերջապես պատանին նստեց կառքը: Նրա մոտ տեղավորվեցավ մի հաստլիկ հայ վաճառական, որ նույնպես Մոսկվա էր գնում յուր գործերի համար: Կառքը շարժվեցավ:

— Մնաք բարով, դեդի ջան, մամի ջան, մնաք բարով Ելեն ջան, Նիկոլ ջան... — ձայն տվեց պատանին:

Կառքը բավականին հեռացավ: Մայրը տակավին չէր դադարում հետևից կանչել, — Օսե՜փ, Օսե՜փ, մուղայիթ կաց Միշայիս, քնած ժամանակը ծածկի՜ր, չթողնես որ մրսի... Միշա ջան, շարֆդ լավ կապիր...

Հաստլիկ վաճառականը շարժեց գլխով: Սրընթաց կառքը կորավ փոշու: ամպերի մեջ...

Բ

Անցավ երեք տարի:

Գարնան թարմ և հովասուն առավոտներից մինն էր:

Մոսկվայի Տվերսկի փողոցի Շաբլուկինի նոմերների մինի մեջ պատի ժամացույցը զարկեց տասն և երկու ժամը: Մահճակալի վրա կիսաբաց պառկած էր մի նորահաս պատանի հոգնած և նվազած դեմքով: Կարծես թե յուր գիշերվա անքնությունը կամենում էր նա լրացնել ցերեկվա հանգստությունով: Սեղանի վրա թշշում էր սամովարը: Մի ռուս օրիորդ, սպիտակ, որպես ձյուն, բավականին քնքուշ, բայց գունաթափ դեմքով, շեկ մազերով, պարզ կապտագույն աչիկներով, հոգս էր տանում թեյի պատրաստությանը: Նա երբեմն յուր լի զգացմունքով քաղցրիկ հայացքը դարձնում էր քնած պատանու վրա, ժպտում էր, թովռում էր և կրկին դառնում էր դեպի յուր գործը: Նա այնպես հանդարտ և այնպես զգույշ էր շարժվում, որպես մի թեթև հրեշտակ, կարծես յուր դեռ նոր զարգացած կուրծքի ջերմ շնչառությամբն անգամ չէր կամենում վրդովել քնողի հանգստությունը:

Սենյակի մեջ մի քանի աթոռներ անկանոն կերպով ընկած էին այս և այն անկյուններում: Պատուհանի հանդեպ կանգնած էր գրասեղանը, որի վրա դրած էին մի քանի տետրակներ, դեղնած մռոտած, փոշիներում թաթախված, երևում էր, երկար ամիսներով ուսանողի ձեռքը չէր դիպել նրանց: Այնտեղ կային և մի քանի հատորներ Դոբրոլյուբովի, Տուրգենևի, Չերնիշևսկու և այլ ռուս հեղինակների ռոմաններից, որոնցից շատերը դեռ կտրված չէին: Գրասեղանի վրա երևում էր և մի կաղամար, որի մեջ մելանը վաղուց ցամաքել էր: Անբախտ ճանճերի չորացած կմախքները միայն, որոնք մի ժամանակ անզգուշությունից ընկել խեղդվել էին սև հեղուկի մեջ, ձևացնում էին այնտեղ այդ չար միջատների տխուր դամբարանը: Գրասեղանի վրա ընկած էր և մի քրքրված ալբոմ, որի մեջ զետեղված էին Գյոթեի, Շիլլերի, Շեքսպիրի և այլ մեծ մարդերի պատկերներ խառն գեղեցիկ աղջիկների պատկերների հետ, սկսյալ իրանց սիրունությունով երևելի դերասանուհիներից մինչև հաստաթշիկ բելոշվեյկաները, որոնք բախտ էին ունեցել այցելություն գործել այդ կացարանին, որոնց մեջ վերջին տեղը բռնում էր Նատաշայի պատկերը, — այդպես էր կոչվում օրիորդը, որ նույն ժամուն գտնվում էր պատանու սենյակում:

Բացի վերոհիշյալ պարագայքը, գրասեղանի վրա քարշ էր ընկած կանացի յուբկա, որ պատկանում էր նույն օրիորդին, իսկ պատուհանում դրած էր լարերը կտրած մի ջութակ: Ահա այդ բոլորը կացուցանում էին այդ աղքատիկ, և միևնույն ժամանակ կիսաբանաստեղծական սենյակի զարդարանքը: — Դա մի ուսանողի կացարան էր, մի ուսանողի, որին ծնողքը երեք տարի առաջ այնպես քնքշությամբ ճանապարհ դրին դեպի Մոսկվա:

Միքայել Բաքոսյանը. — այդպես էր նրա անունը — գալով Մոսկվա, առաջին տարին բնակվեց մի պաշտոնից հրաժարված պրոֆեսորի տանը թե՛ լավ պատրաստվելու և թե նրանից օգտվելու մտքով: Պարոն պրոֆեսորը, որ մի բարեսիրտ ծերունի էր, ազատ ժամերում մեծ բավականությամբ պարապում էր նրա հետ: Այնտեղ Բաքոսյանը շուտով կապվեցավ ծերունու դստեր հետ, որ ուներ մի առանձին սեր դեպի սև աչքերն և թուխ մազերը: Նրանց սերը վերջացավ նրանով, որ Բաքոսյանը իսպառ ձգեց պրոֆեսորի տունը, թողնելով խեղճ օրիորդի սրտում մի դառն զզվանք, թե բոլոր կովկասցիները անխիղճ են...

Մտնելով համալսարան, Բաքոսյանը գտավ հայ ուսանողների մի մեծ շրջան, որոնք բոլորը սիրում էին նրան, սիրում էին, որովհետև Բաքոսյանը հարուստ էր, ստանում էր հորից առատ արծաթ և շատ անգամ հյուրասիրում էր ընկերներին ռոմի պունշով և ֆրանսիական երշիկներով:

Նատաշան, որպես երևում էր, այն առավոտ շտապում էր, նրա անհանգստությունը հասնում էր մինչև անհամբերության:

Բաքոսյանը դեռ քնած էր. զարթեցնել նրան օրիորդը չէր համարձակվում, որովհետև գիտեր, որ ամբողջ գիշերը չէր քնած: Իսկ սպասել նրան չէր կարող, որովհետև նա պիտի գնար յուր մաղամի խանութը կար կարելու:

Վերջապես նա վճռեց, առանց մնաք բարով ասելու, գնալ յուր գործին, զգույշ քայլերով մոտեցավ դռանը, կանգնեց, մտածեց և մի միտք կրկին ետ դարձրեց նրան: Նա ոտքի մատիկների վրա ուշիկ-ուշիկ մոտեցավ մահճակալին: Նրա նուրբ շրթունքը շոշափեցին պատանու թշերը, և առանց ձայն հանելու ետ քաշվեցավ, կամենում էր հեռանալ, բայց յուր հոգեկան խռովության մեջ, հանկարծ դիպավ բոլորակ սեղանիկին, որ դրած էր մահճակալի մոտ. սեղանը գլորվեցավ հատակի վրա, պատանին զարթնեց այդ անզգույշ դղրդումից:

— Այդ ի՞նչ է, — եղավ նրա առաջին խոսքը:

— Ա՜խ, ներե՜, Միխայել Արտեմիչ, ես անհանգիստ արեցի քեզ, — շառագունելով ձայն տվեց Նատաշան և մոտեցավ չոքեց մահճակալի առջևը, ինչպես մի հանցավոր աշակերտ:

Բաքոսյանը ծույլ կերպով շարժվեցավ, մերկ թևքը նեցուկ տվեց ծանրացած գլխին և նրա պղտոր, նվազած աչքերը դարձան դեպի օրիորդը:

— Դու ուզում էիր գնա՞լ, — հարցրեց նրանից:

— Այո՜, Միխայել Արտեմիչ, — պատասխանեց օրիորդը քաղցրիկ ձայնով. — ես շատ ուշացա, արդեն տասներկու ժամն է, դու խո գիտես մաղամը ի՞նչ պտուղ է...

— Մի փոքր ևս սպասի՜ր:

— Չէ՜, Միխայել Արտեմիչ, մաղամը կբարկանա...

— Ա՜խ, սատանան տանե այդ քո մաղամին... — տհաճությամբ ձայն ավեց պատանին և կրկին գլուխը վեր թողեց բարձի վրա:

— Դու խո գիտես, Միխայել Արտեմիչ, որքա՞ն չար է նա...: Եթե մի քանի րոպե ուշանում ես, վարձից կտրում է, — պատասխանեց օրիորդը, յուր վարդագույն մատիկներով շոյելով պատանու գլուխը և ետ քաշելով նրա ուսանողական երկայն մազերը լայն ճակատից:

— Ես գիտեմ... Նատաշա: Ես գիտեմ... — կրկնեց նա դողդոջուն ձայնով, — որ դու այն անիծված ասեղից հեռանալ չես կարող: Բայց դու չգիտես, որ ես ուզում եմ միշտ ինձ մոտ լինես, միշտ քեզ վրա նայեմ, միշտ քեզանով ուրախանամ:

— Խո ես քեզ մենակ չեմ թողնում, — ասաց օրիորդը և անկեղծ Ժպիտը խաղաց նրա շառագունած թշերի վրա:

— Չէ՜, այդ բավական չէ՜, ես կցանկանայի, որ դու մի րոպե անգամ ինձանից չհեռանայիր:

— Ես ինչպե՞ս թողնեմ մազազինը... — ասաց օրիորդը անվճռական ձայնով:

— Թո՛ղ, եթե սիրում ես ինձ:

— Սիրում եմ... — պատասխանեց օրիորդը և փոքրիկ գլուխը վեր թողեց պատանու նույն ժամին բացված կրծքի վրա:

Քառորդ ժամից հետո Նատաշան գլխին դրեց փոքրիկ հարդյա գլխարկը, զարդարված սպիտակ շուշաններով, առավ հովանին և թիթեռնիկի արագությամբ դուրս վազեց Բաքոսյանի սենյակից, խոստանալով, որ այն օր կվերջացնե յուր բոլոր հաշիվը մադամի հետ:

Գ

Հեռանալով հայրենական տնից՝ երեք տարվա ընթացքում Բաքոսյանը բավական փոխվել էր: Լիքը թշերի առողջ կարմրությունը տեղի էր տվել դալկացած գունատության: Պայծառ աչքերի կրակոտ փայլը նսեմացել էր: Նրա պատանեկան դեմքի թարմ և կենդանի զվարթությունը ստացել էր թախծալի, թմրած և հիվանդոտ արտահայտություն: Աշխատությունը չէր, որ այդքան մաշել էր նրան, նա ամիսը մի անգամ հազիվ էր գնում դասախոսություն լսելու և տանը խիստ սակավ էր պարապում: Միայն հորից ստացած առատ փողերը և մայրաքաղաքի կյանքի փոթորիկը մի րոպե հանգստություն չէին տալիս նրան...

Երբ Նատաշան հեռացավ, նրան կոչում էին Նատալիա Պավլովնա, Բաքոսյանի կացարանին կից մի այլ սենյակում գիշերային անքնությունից զարթեցավ մի այլ հայ ուսանող, լղարիկ կազմվածքով, փոքրիկ հասակով և արյունով լիքը աչքերով, նա շապկի վրա հագավ ամառվա պալտոն, մոտեցավ բազկաթոռին և մարմինը ծուլորեն վեր թողեց նրա վրա, և երկու ձեռքով բռնելով աչքերը, խորասուզվեցավ ինչ-որ մտածությունների մեջ: Դա Գրիգոր Կապիկյանն էր, բավականին ընդունակ, բայց սաստիկ անաշխատասեր մի ֆիզիկոս: Պարոնը նույն գիշեր խաղի մեջ տանել էր տվել մինչև վերջին կոպեկը, իսկ առավոտյան շաքարի փող չուներ:

— Ա՛խ, սատանան տանե... — մերթժմերթ լսելի էր լինում նրա բերանից մի այդպիսի հուսահատական հառաչանք:

Հանկարծ նրա սենյակը մտավ մի այլ ուսանող, նույնպես հայ, բարձրահասակ, սև գանգուրներով զարդարված գլխով, ուրախ դեմքով, վառվռուն աչքերով:

Այդ երիտասարդը կոչվում է Սամվել Լաբլաբով:

— Թեյ ունե՞ս, Գրիշա, — հարցրեց նա, առանց ողջունելու:

— Ոչինչ չունեմ, — եղավ Կապիկյանի պատասխանը: — Բայց դո՞ւ, հարցրեց նորեկից:

— Իմ ջիբումս էլ մկներ են խաղում, — պատասխանեց Լաբլաբովը, ձեռքերը տրորելով և պտտվելով աջ ոտքի կրունկի վրա:

— Գնանք Բաքոսյանի մոտ, այնտեղ փորներս կտաքացնենք:

— Գնանք, — կրկնեց Կապիկյանը և վեր կացավ:

Նա երեսսրբիչը թրջեց, նրանով թառամած երեսը զովացրեց (այդ նրա լվացվելու ձևն էր), մազերը մատներով սանդրեց, և նույն գիշերվա շապիկով և նրա վրա հագած ամառվա պալտոյով, Լաբլաբովի հետ միասին դիմեցին Բաքոսյանի սենյակը: Այնտեղ նրանք գտան և մի քանի ուրիշ հայ ուսանողներ՝ Ռափայել Ջամալյանցին, մի կենդանի և աշխույժ դեմքով երիտասարդ, որի խարտյաշ մազերը, ճերմակ երեսը ավելի նմանություն էր բերում արևմտյան տիպերի: Այնտեղ էր և Եզիկյանը, յուր թթված երեսով, քիթը և ճակատը նախշված կարմիր պզուկներով: Այնտեղ էր և Նուլյանը, յուր կատվանման փոքրիկ երեսով, կարճահասակ և մկան աչքերի պես նեղ, փայլուն բիբերով:

— Քաղցածները հավաքվել են, — ասաց Լաբլաբովը յուր սովորական կատակով և այս անգամ երկու անգամ պտտվեցավ յուր աջ ոտքի կրունկի վրա: հետո նա սկսեց անցուդարձ անել սենյակի մեջ, կարծես մի բան որոնում էր: Բոլոր աթոռները բռնված լինելով, նա նստեց Բաքոսյանի քնաշորերի վրա:

Կապիկյանը ոչինչ չխոսեց, միայն թեթև կերպով ժպտաց, մի քանիսին ձեռք տվեց և նստեց Ջամալյանի մոտ:

— Ինչո՞վ կարող եմ հյուրասիրել ձեզ, — դարձավ Բաքոսյանը դեպի ընկերները:

— Կազդուրի՛չ և զովացուցի՛չ... — ձայն տվեցին ամեն կողմից: — Սաստիկ ջարդված ենք, պետք է ամրացնեք ուժերը:

Այդ սովորական խոսքերի իմաստը վաղուց ծանոթ լինելով Բաքոսյանին՝ նա զանգը քաշեց և ներս մտնող սպասավորին հրամայեց բերել արաղ, երշիկ, պանիր և հաց նախաճաշիկի համար

Իսկ թեյի բաժակները Նատաշան մաքրել և պատրաստ դրել էր սամովարի մոտ, սեղանի վրա:

Ամեն մեկը յուր ձեռքով լցնում էր թեյ և մի րոպեում խմում էր: Շուտով սեղանի վրա դրվեցավ կազդուրիչ և զովացուցիչ ըմպելին՝ արաղը յուր պարագաներով:

Նրանք սկսեցին խմել և նախաճաշել: Արաղի շիշը երրորդ անգամ ուղարկվեցավ գինետունը: Նրանց անընդհատ ծխելուց շուտով փոքրիկ սենյակը լցվեցավ թանձր մխով, այնպես որ մինը մյուսին հազիվ էր տեսնում: Երբ նրանք բավական տաքացրել էին իրանց ուղեղը, սկսվեցավ նրանց մեջ սաստիկ վիճաբանություն: Ամեն կողմից խոսում էին, մինը մյուսին ժամանակ չէր տալիս պատասխանելու: Կատարյալ բաբելոնյան խառնակություն էր: Միայն Բաքոսյանը բոլոր ժամանակ լուռ էր, և համարյա չէր լսում, թե ի՛նչ է խոսվում յուր շուրջը: Նա միայն մտածում էր յուր Նատաշայի վրա: Ուսանողներից երկուսը վիճում էին երկու դերասանուհիների մասին, որոնք այն ժամանակ մեծ ֆուրոր էին անում Մոսկվայի վրա: Լաբլաբովը վերադասում էր Լեբեդևային, որպես երևելի կաքավող և գտնում էր նրա մեջ շատ ինչ բանաստեղծական և սքանչելի: Իսկ Եգիկյանը նրանցից գերադասում էր Պոզնյակովային, որպես տաղանդավոր դրամատիկական դերասանուհի:

Չնայելով, որ մի կաքավող օրիորդի և մի դրամատիկական դերասանուհու մեջ ոչինչ առանձին համեմատություն անել չէր կարելի այսուամենայնիվ վեճը տևեց շատ երկար: Մինչև մի այլ ուսանող՝ կարճլիկ հասակով, մտահույզ դեմքով, որ բոլոր ժամանակը մի անկյունում, Բաքոսյանի չեմոդանի վրա լուռ նստած և ցուցամատը քթին դրած Օֆենբախի վրա էր մտածում՝ մեջ մտավ և ընդհատեց վիճաբանությունը.

— Պարոններ, ես այդ երկուսի մեջ էլ չեմ գտնում գեղարվեստական ճաշակ: Միայն Լեբեդևան լավ է նրանով, որ ունի լիքը սրունքներ և գեղեցիկ, փոքրիկ ոտիկներ, իսկ Պոզնյակովան՝ փառավոր ուսեր և անտիկային կուրծ, որ արժան է Կանովայի քերիչին:

Նրանք բոլոր ժամանակ խոսում էին ռուսերեն:

Աթթարյանի նկատողությունը — այդպես էր պարոնի անունը — չափից դուրս զայրացրեց թե Լաբլաբովին և թե Եզիկյանին: Նրանք միաձայն գոռացին.

— Դու հիմար ես, ոչինչ չես հասկանում... դու մեղանչում ես արվեստի սրբության դեմ:

— Այդ իմ կարծիքն է, — սառն կերպով պատասխանեց Աթթարյանը, և մատը քթին դնելով, աչքերը ձգեց դեպի առաստաղը և շարունակեց մտածել Օֆենբախի վրա:

Վիճաբանությունը անցավ ավելի ծանրակշիռ առարկաների: Կապիկյանը պաշտպանում էր քաղաքական ամուսնության գաղափարը: Բաքոսյանը հակառակում էր նրան, և հիմնվելով Ֆուրիեի վարդապետության վրա հերքում էր ամուսնությունը, պնդելով, թե կանացի սեռը պետք է բոլորովին ազատ լինի, և օրինակներ էր բերում Չերնիշևսկու գրվածքներից:

Սկսելով իրանց վիճաբանությունը Լեբեդևայի բեմի վրա թռչկոտելուց, մեր փիլոսոֆները վերջացրին նրանով, թե Բարսով, Սարատով, Կրիմ և Էրմիտաժ հյուրանոցներից ո՞րն ավելի հարմար էր ճաշելու համար: Էրմիտաժը նրանք գտան ավելի արիստոկրատական և վճռեցին գնալ Կրիմ ճաշելու, ի նկատի ունենալով, որ այնտեղ կհանդիպեին գեղեցիկ աղջիկների...

Արդեն երեք ժամն էր:

Դ

Գիշերը «Թաթոսները» — այդ անունով նրանք կոչում էին իրանց խումբը զվարճախոսության համար — դարձյալ հավաքվեցան Բաքոսյանի մոտ: Թեյից հետո նրանք սկսեցին ծխել և դատարկախոսություններ անել: Իսկ լուրջ վիճաբանություն տեղի չունեցավ:

Բայց Եզիկյանը, «լռության պրոֆեսորը» — այդպես էին կոչում նրան — որ ոչինչ այլ առարկայի վրա խոսելու ընդունակ չէր բացի բամբասելուց՝ հանկարծ կանգնեցավ և հայտնեց, թե նա խոսելիք ունի: Բոլորի ուշադրությունը դարձավ դեպի նա. անհամբերությամբ սպասում էին, արդյոք ի՞նչ հիմարություն պիտի հայտնի:

— Պարոններ, — ասաց նա ճառական ոճով, — մարդկային լուսավորության և նրա հառաջադիմության պատմագրությունը մեզ սովորեցրեց, թե ոչ մի հասարակական հիմնարկություն չէ կարող յուր իսկական նպատակին հասնել, եթե նույն հիմնարկության կազմակերպությունը չէ կանոնավորվում պաշտոնական ձևերի մեջ: Ի նկատի ունենալով այդ ճշմարտությունը, ես պատիվ եմ համարում այս ժողովի մեջ բարձրացնել մի հարց, որի հետ կապակից են մեր «Եղբայրության» բարեկամությունը, նրա շահերը և ապագա հառաջադիմությունը: (Բարձրացավ ընդհանուր ծափահարություն, և նա շարունակեց) — «թաթոսականությունը» եղել է ոչ է՛ մեր «եղբայրության» — եթե կներվի ինձ այդպես կոչել — նպատակը: Մինչև այսօր այդ «եղբայրությունը» կապված էր միայն բարոյական կապերով: Արդարև, անհերքելի է այն փաստը, թե որքա՛ն ամուր և որքա՛ն անխզելի էին այդ կապերը: Իբր ապացույց բավական է հիշել միայն, որ «եղբայրությունը» օրըստօրե լայն շրջան ստացավ և բարի գործին (այդ բառերի վրա առանձին հանգով շեշտեց նա) հետևողների թիվն օրըստօրե ավելացավ: (Դարձյալ ծափահարություն): Նա շարունակեց. — ժամանակ է, պարոններ, «եղբայրությունը» մարմնացնել, այլ խոսքով, նրան կազմակերպել և պաշտոնական ձև տալ: Եթե ժողովը թույլ կտա՝ ես կկարդամ այդ մասին պատրաստած իմ ծրագիրը:

Լսելի եղավ ընդհանուր հռհռոց և ծիծաղ:

— Խնդրեմ, խնդրեմ, — ձայն տվեցին ամեն կողմից:

Եզիկյանը, առանց շփոթվելու, ծանր կերպով, դուրս հանեց ծոցի գրպանից մի թուղթ, հազաց, կոկորդը իստակեց և սկսավ կարդալ (թղթի ճակատին, խոշոր տառերով գրված էր «Թաթոսականություն»):

§ I. Եղբայրության նպատակն է գործ դնել ամեն հնարք՝ ուրախ և զվարճալի ժամանակ վարելու համար:

§ II. Եղբայրությունը բաղկանում է Ա. Նախագահից, Բ. նրա Օգնականից, Գ. Ատենադպրից, Դ. Պատվավոր և մշտական անդամներից:

§ III. Ամեն մի ուսանող պատվավոր և մշտական անդամ լինելու համար պետք է ունենա հետևյալ հատկությունները, Ա. Սիրե բոլոր այն ըմպելիքները, որոնք մեծն Բաքոս շնորհել է մարդկության բարօրության համար: Բ. Սիրե թղթախաղը, որ պարունակում է յուր մեջ թե նյութական և թե բարոյական սկիզբներ: Գ. Միրե կանայք՝ որպես մարդկային երջանկության միակ աղբյուրը:

§ IV. Եղբայրության ժողովները կազմվում են համարյա ամեն գիշեր:

— Չորրորդ հոդվածին իբրև ծանոթություն ավելացված է: — հառաջ տարավ Եզիկյանը, — թե «ժողովները» դադարում են երկու ամիս միայն, քննություններից առաջ, երբ անդամները զբաղված լինելով առարկաների պատրաստությամբ՝ չեն կարող իրանց նվիրել բարի գործին:

Եզիկյանը կարդաց և մի քանի այլ հոդվածներ, որոնք վերաբերում էին «եղբայրության» վարչությանը, անդամների իրավունքներին և նրանց պարտավորությանը և այլն... Նա նստեց:

Տիրեց ընդհանուր լռություն: Բոլորի դեմքի վրա նկարված էր բազմահոգ խորհրդածություն: Մինչև Բաքոսյանը խոսք խնդրեց և կանգնելով ասաց.

— Ես բոլոր սրտով համակրում եմ ծրագրին, որ այս րոպեիս կարդացվեցավ. միայն թույլ եմ տալիս ինձ անել մի մասնավոր նկատողություն. ծրագրի մեջ ասված է, թե ի՛նչ հատկություններ պետք է ունենա մի ուսանող, որ պատվավոր անդամ լինելու շնորհը վայելե, բայց նախագահի հատկությունների մասին ոչինչ հիշված չէ:

Լաբլաբովը խոսք խնդրեց, և բոլորովին համակրելով Բաքոսյանի նկատողությանը՝ ավելացրեց.

— Իմ կարծիքով, պարոններ, նախագահ կարող է լինել այն «փղշտացին» միայն, որ միանգամով կարող է խմել մի ամբողջ շիշ արաղ:

Լաբլաբով առաջարկությունը թեև բարձրացրեց ընդհանուր ծիծաղ՝ բայց հերքվեցավ Բաքոսյանից:

— Պարոն Լաբլաբովի կարծիքը, — ասաց նա, — որպես մասնավոր բնավորություն ունեցող՝ չէ կարող ուշադրության արժանի լինել: Իմ կարծիքով, պարոններ, «բարի գործի» հառաջադիմության համար պետք է ընտրել այնպիսի մի նախագահ, որ ավելի հիմար և բթամիտ է:

Բոլորը ծափահարեցին:

— Ուրեմն ավելացրեք, պարոն Եզրկյան, երկրորդ հոդվածի առաջին պարագրաֆին որպես ծանոթություն, պարոն Բաքոսյանի նկատողությունը:

Նա հանեց ծոցի գրպանից մատիտը և սկսեց գրել:

Աթթարյանը, որ բոլոր ժամանակ Բաքոսյանի քնաշորերի վրա պառկած, երևի դարձյալ Օֆենբախի վրա էր մտածում՝ մեջ մտավ.

— Պարոններ, թեև ես շատ համակրում եմ պարոն Բաքոսյանի հայտնած կարծիքին, այսուամենայնիվ՝ իզուր է մի այդպիսի ծանոթություն ավելացնելը, որովհետև այստեղ գտնվածներից և ոչ մինը բացառություն չէ՛ կազմում...

— Ուզում եք ասել, թե բոլորը հիմարներ և բթամիտներ են և նախագահ լինելու հատկությո՞ւն ունին, — լսելի եղան մի քանի ձայներ:

Աթթարյանը դրական կերպով գլուխը շարժեց: Բայց նրան շվացրին:

Եզիկյանը վերջացնելով յուր գրելը, դարձավ դեպի հանդիսականները:

— Պարոններ, իմ կարծիքով հարցը բավականին պարզված է. այժմ կարելի է ուղղակի դիմել ընտրություններին:

— Այո՛, — ձայն տվեցին ամեն կողմից:

— Ուրեմն քվեարկեք առաջ նախագահին: Ով կամենում է ձայն տալ՝ ձեռքը բարձրացնել:

Նշանակվեցան երեք կանտիդատներ, մինը՝ նույնիսկ Եզիկյանը, մյուսը՝ Լաբլաբովը, երրորդը՝ Նուլյանը: Ձայների բազմությունը ստացավ Եզիկյանը: Իսկ Լաբլաբովը ընտրվեցավ նախագահի օգնական, Նուլյանը՝ ատենադպիր, մնացածները՝ եղան պատվավոր և շտական անդամներ:

— Կարող են լինել և կամավոր անդամներ, — ասաց Թաթոսներից մինը, — մենք այսուհետև այդպես կոչելու ենք նրանց:

— Այդ վարչության՛ն է վերաբերում, — պատասխանեց Եզիկյանը, որ կամենում էր իսկույն գործ դնել յուր իշխանությունը: — Կամավոր անդամ լինել ցանկացողները, այսինքն նրանք, որ երբեմնակի ուզում են ներկայանալ նիստերին, առաջ պետք է նախագահին դիմեն և նրանից թույլտվություն խնդրեն: Այդ միտքը հայտնված է տասներորդ հոդվածի մեջ: — Ավելացրեց նա, խիստ լուրջ կերպով:

Բոլորը համաձայնվեցան:

— Ուրեմն այժմ կարող ենք բանալ առաջին պաշտոնական նիստը, — ասաց նախագահը:

Նույն ժամուն Թաթոսները խմեցին մի-մի բաժակ արաղ, ամեն

մինը կարդալով երկար ճառ «եղբայրության» և «բարի գործի» հարատևության մասին, և բաց արին թղթախաղի առաջին պաշտոնական նիստը:

Բոլոր ժամանակը նրանք վիճում էին հաշիվների մասին և աղմուկ էին բարձրացնում, չնայելով որ նախագահը միշտ զգուշացնում էր, որ կարգ ու կանոն պահպանեն: Գիշերային երկու ժամին վերջացավ խաղը: Կես ժամ նրանք վիճեցին հաշիվների վրա, մինչև նախագահը մեջ մտավ և ուղղեց հաշիվները, թե ով որքա՛ն էր տարված, և ո՛վ ի՛նչ էր տարել:

— Պարոններ, այժմ դեպի արշավանք ձայն տվեց նախագահը, զորապետի կերպով:

— Դեպի արշավա՛նք, — կրկնեցին մյուսները և դուրս եկան...: Նույն ժամուն մի մուժիկ, բարձած սայլակով, տարաժամ քաղաքը ներս էր բերում յուր ագարակային բերքը: Տեսնելով նրան, Լաբլաբովի գլխին փլեց մի միտք. նա ուզեցավ կատակ անել խեղճ գյուղացու հետ:

Նա, բարձր շյապան յուր գավազանի գլուխը տնկելով, կուզեկուզ մոտեցավ սայլակին, մի զարմանալի ձայն հանեց, թռչկոտեց: Եզները խրտնեցան, սայլակը շուռ եկավ, մուժիկը կատաղեցավ:

— Ի՞նչ է... — գոռաց գյուղացին խռպոտ ձայնով:

— Եզների հետ են խաղում... Եվ աղաշներ էլ են...

Թաթոսները ոչինչ չպատասխանեցին, հռհռացին և հեռացան: Բայց գյուղացին չէր դադարում քթի տակից անեծքներ կարդալուց:

Բաքոսյանը մնալով միայնակ յուր կացարանում՝ խիստ անհանգիստ էր:

Նա, խորին վրդովմունքի մեջ, ձեռքերը տրորելով, անցուդարձ էր անում յուր սենյակում, որովհետև նա սաստիկ տարված էր: Նրա զայրացած դեմքը իսկույն մեղմացավ, երբ մյուս սենյակից երևաց Նատաշայի սիրուն գլուխը:

— Ես բոլորը վերջացրի մաղամի հետ, — ասաց նա ուրախ ժպիտը երեսին և թեթև քայլիկներով վազեց դեպի Բաքոսյանը:

— Այդ լա՛վ է ... — պատասխանեց պատանին և գրկեց նրան:

Ե

Ապրիլ ամիսն էր: Մոտեցավ Թաթոսների ճգնաժամը. շուտով սկսվելու էին քննությունները: Թղթախաղի պաշտոնական նիստերը ետ ձգվեցան:

Այժմ հարկավոր էր փոքրիշատե պատրաստվել: Մեր ուսանողները առանձնացած էին իրաց խուցերում և պարապում էին: Նրանք պարապում էին գիշեր և ցերեկ անդադար, նրանց աշխատասիրությունը հասնում էր մինչև անձնամաշության: Ամենքի աչքերի լույսը աղոտացավ, երեսների գույնը չքացավ, թույլ և դանդաղկոտ քայլերով, որպես հիվանդության մահճից նոր բարձրացած էակներ, նրանք դիմում էին դեպի համալսարան, իրանց մի ամբողջ տարվա անգործության համարը տալու: Մի քանիսին հաջողվեցավ քննություն տալ, մի քանիսը կտրվեցան (Բաքոսյանը նրանց թվումն էր), իսկ մայիսի վերջին ազատվեցան այդ տանջանքներից:

Արձակուրդները եկան: Այնուհետև պետք էր հանգստանալ, սպառված ուժերը զորացնել և «եղբայրության» գործը հառաջ տանել...

Բաքոսյանը, առնելով յուր հետ Նատաշային, թողեց Մոսկվան և տեղափոխվեցավ Սակոլնիկ գյուղը, ամառը անցկացնելու համար: Այնտեղ նա վարձեց փոքրիկ տան մի թևքը, նույնպես փոքրիկ, բայց մաքուր և պայծառ սենյակներով, որոնց լուսամուտները բացվում էին գեղեցիկ պարտիզի մեջ, որ հովանավորված էր վայրենի ծառերով: Նատաշան շատ ուրախ էր յուր նոր բնակարանով, նա առաջին օրը անդադար աշխատում էր սենյակները կարգի գցել:

Երեկոյան թեյի սեղանը նա սփռեց պարտեզի մեջ, որ բոլորած էր մացառներով հյուսած ցանկապատով: Արեգակը դեռ նոր սկսել էր թեքվել դեպի յուր գիշերային մուտքը, ծառերի տերևները փայլում էին նրա վերջալույսով: Օդը արբված էր եղնիների անուշահոտությամբ:

Բաքոսյանը, թեք ընկած փայտյա նստարանի վրա, յուր հոգու հանգիստ բերկրության մեջ, նայում էր Նատաշայի վրա: Իսկ օրիորդը, նույնպես անդորր, նույնպես ուրախ թեյ էր լցնում:

— Ահա՜, այստեղ լա՛վ է... — ասաց նա ոգևորված կերպով և երեխայական անմեղ ժպիտը վազեց նրա դեմքի վրա:

— Դու կարծո՞ւմ ես, — հարցրեց Բաքոսյանը ուղիղ օրիորդի

երեսին նայելով, որ նույն րոպեին ավելի պայծառացել էր երեկոյան վերջալույսով:

— Այո՛, շա՛տ լավ է... — կրկնեց Նատաշան, իսկ նրա դեմքը ակամա կերպով մռայլվեց: — Այստեղ ինձ հիշեցնում է մեր գյուղը, մեր տունը և բոլորը, ինչ որ թողեցի այնտեղ...

Վերջին խոսքերը օրիորդը արտասանեց այնպիսի մի ցավալի ձայնով, որ իսկույն գրավեց Բաքոսյանի ուշադրությունը:

— Ի՞նչ թողեցիր այնտեղ:

— Ամեն ինչ... — պատասխանեց օրիորդը նույն ձայնով. — և գերեզմանները իմ հոր, իմ մոր... և բարեկամներիս... ամե՛նը... ամե՛նը...

Բաքոսյանը, որ մինչև այն օր չգիտեր օրիորդի ով, կամ որտեղացի լինելը, հետաքրքրվեցավ հարցնել.

— Որպե՛ս հայտնվեցար դու Մոսկվայում, Նատաշա Պավլովնա:

— Ա՛խ, մի՛ հարցնեք այդ, Միխայել Արտեմիչ, խնդրում եմ, մի՛ հարցնեք...

Բաքոսյանը կրկին թախանձեց, որ պատմե: Օրիորդը կարճ, բայց խիստ վշտալի կերպով հայտնեց, թե ինքը միակ զավակն էր պաշտոնից հրաժարեցրած նաղվորնի սովետնիկի, թե նա վատնեց արքունի փողերը և տեղափոխվեցավ յուր փոքրիկ ագարակում Ն... գավառի մեջ: Այնտեղ այդ հին աստիճանավորը սրտի կսկիծից անձնատուր է լինում արաղի և թղթախաղի, յուր կայքը բոլորովին սպառվելուց հետո գերեզմանի մեջ հանգստություն է գտնում: Օրիորդի մայրը շատ չէ ապրում ամուսնի մահից հետո, Նատաշան մնում է անտեր և որբ: Մի հեռու ազգական նրան բերում է Մոսկվա ուսումնարան տալու նպատակով:

Բայց նա յուր աղքատության պատճառով չէ կարողանում լցնել յուր ցանկությունը, և Նատաշան խիստ չնչին վարձով հանձնվում է մադամի մոտ կար կտրելու:

Այդ խոսքերը պատմելու միջոցին Նատաշայի սիրուն աչքերը թաց եղան արտասուքով, և նա յուր երկար թերթերունքները վայր թողեց և լուռ կացավ: Բաքոսյանի վրա շատ ազդեց այդ նազելի, իսկ նույն րոպեում վշտահար դեմքը:

— Ուրեմն քու երակների մեջ ազնվական արյուն է վազում... — ասաց նա:

Օրիորդը ոչինչ չպատասխանեց, միայն խորին կերպով հոգոց անեց:

— Մի՛ տխրիր, սիրելիս, — հառաչ տարավ Բաքոյանը, — ես կփոխարինեմ այն բոլորը, ինչ որ դու կորցրիր քո հայրենիքում:

— Դու շատ բարի ես, Միխայել Արտեմիչ, դու սիրում ես ինձ, — պատասխանեց օրիորդը, մի փոքր մխիթարվելով:

Սույն միջոցին պարտիզի ցանկապատի մոտից, շվացնելով և ձեռքի եղեգնիկը շարժելով, անցավ մի բարձրահասակ երիտասարդ, լղարիկ կազմվածքով, գետնախնձորի գույնով երկայն մազերով և դուրս ցցված, սրածայր քթով: Նրա մանրիկ, մոխրագույն աչքերը խիստ անհանգիստ կերպով դուրս էին նայում հազիվ նշմարելի թերթերունքների միջից,

Մեդվեդովսկի, Մեդվեդովսկի, — ձայն տվեց Բաքոյանը, տեսնելով յուր համալսարանական ընկերին:

Երիտասարդը ռուս էր, շինական ծագումից, լսելով այդ ձայնը՝ շուռ եկավ, տեսավ Բաքոյանին և վազեց դեպի պարտեզը:

Նա շատ անգամ պարտք էր վեր առնում Բաքոյանից, բայց վերադարձնելու սովորություն չուներ, որովհետև սեփականության գաղափարը նա հերքում էր: Առհասարակ այդպես են մտածում այն ուսանողները, որոնց ջեբերը գլխից ավելի դատարկ են:

Նատաշան տեսնելով, որ երիտասարդը մոտենում է, հեռացավ:

— Ա՛խ, դուք այստե՞ղ եք, ես չէի գիտում, — ասաց Մեդվեդովսկին ձեռք տալով: — Ո՞վ է այդ սիրունիկը, ցույց տվեց Նատաշայի վրա, որ դեռ չէր դուրս եկել պարտիզից:

— Աղախինս է... — պատասխանեց Բաքոյանը շփոթվելով: — Ինչո՞ւ դուք չեք նստում, երևի մի տեղ շտապում եք, — խոսքը փոխեց նա:

Մեդվեդովսկին, որպես թե չլսելով վերջին խոսքերը՝ դարձյալ պահպանեց յուր դիրքը, կրկին ակնարկելով Նատաշայի վրա.

— Այո՛, լավ ընտրություն է... վատ ապրանք չէ՛...

— Չե՞ք կամենում թեյ խմել, — հարցրեց Բաքոյանը:

— Ես շտապում եմ:

— Դեպի ո՞ւր:

— Կոչերովների մոտ:

— Երևի մի բան ձեզ հրապուրում է դեպի այնտեղ: Մեդվեդովսկին մի պտույտ տվեց Բաքոյանի նստարանի շուրջը, ինքը չգիտենալով թե ինչու, և կանգնեց նրա առջև:

— Ա՛խ, ի՜նչ հիանալի աղջիկ ունին նրանք, Միխայել Արտեմիչ,

մի խոսքով եղ ու մեղր...: Որպիսի՜ գեղեցիկ աչիկներ, որպիսի փոքրիկ ոտիկներ, որպիսի նրբիկ մատիկներ, բոլո՛րը, բոլորը սքանչելի են...

Մեդվեդովսկին սովորություն ուներ ամեն մի սիրած բառը արտասանել նվազական ձևով:

— Արտահայտությունը նրա դեմքի, — հառաջ տարավ երիտասարդը, — ունե յուր մեջ ինչ-որ կախարդիչ մի զորություն, մինչև այն աստիճան անբացատրելի և ազդու, որ խպառ գժվեցնում է նայողին...

— Դրա համար էլ ձեր ուղեղը բնական դրության մեջ չէ՛, — ասաց Բաքոսյանը ժպտալով:

— Առանց կատակի, Միխայել Արտեմիչ, եթե դուք նրան տեսնելու բախտը կունենաք բոլորովին կհամաձայնվեք ինձ հետ:

— Իրա՞վ, — հարցրեց Բաքոսյանը կիսահեգնական կերպով:

— Երդվում եմ պատվովս, — շարունակեց Մեդվեդովսկին նույն ոգևորությամբ: — Ա՛խ, նրա սրտի՛կը, կատարյալ դրախտ է, որքա՜ն բարություններ կան նրա մեջ...

Թեև Մեդվեդովսկին սիրում էր երբեմն ստախոսել, բայց Բաքոսյանը չկասկածեց, թե նրա ասածների մեջ կար գոնյա նշույլ ճշմարտության:

— Կուզե՞ս ես քեզ ծանոթացնեմ նրա հետ: Ծերուկ այրիկը, մայորը, կրում է թագազարդ Աննա, է չինովնիկ հոգով և սրտով: Նա սիրում է կարտ և հերոսների ըմպելին, ծխում է յուր տաճկական չիբուխը և շատախոսում է Կրիմի և 56 թվի մասին, ուր ստացել է գնդակ աջ թևքում. — այդ նրա միակ պարծանքն է: Հարկավոր է միայն ձևացնես, թե լսում ես նրան և երբեք չընդհատես: Նա պսակվել է կնոջ կայքի հետ, ապրում է նրանով և ստրկանում է նրա առջև: Իսկ կինը, հին «առյուծուհի» է, վատնել է յուր կյանքը արտասահմանում, և մինչև այսօր անդադար խոսում է Բադենի և ռուլետկի վրա: Նա չափից դուրս ինքնասեր է, և հրապուրվում է երբ ակնարկում ես, թե նա դեռ պահպանել է վաղեմի գեղեցկության գծերը:

— Իսկ աղջի՞կը, — հարցրեց Բաքոսյանը ավելի հետաքրքրվելով:

— Աղջիկը բավականին անթափանցելի էակ է, չես կարող տեսնել, թե ի՛նչ է նստած նրա գետնածածուկ սրտի մեջ: Նա միշտ մտահույզ է և անմռունչ, խիստ հազիվ է ժպտում և դժվարությամբ է հայտնում յուր մտքերը: Սիրում է լսել տարապայման, անսովոր և մինչև անգամ անբնական երևույթների մասին: Կարծես թե նա ախորժում է յուր ուղեղը մշտական գրգռման մեջ պահել: Ես էլ դուրս եմ տալիս սրան Ամերիկայի կարմրակաշիների մասին, Սպանիայի ինկվիզիցիայի մասին, Վենետիկի ստորերկրյա բանտերի մասին, Ալպերի ճանապարհորդների մասին... սատանան է խաբար ի՜նչ դատարկ բաների մասին չեմ խոսում... — Բաքոսյանը, որ հետաքրքրությամբ լսում էր ընկերին՝ հարցրեց.

— Ո՞րդ սա գեղեցիկ է:

Մեդվեդովսկին կրկին արտասանեց բառս «սքանչելի»: — Ես այս րոպեիս նրանց մոտ եմ գնում: Ցտեսություն: Կաշխատեմ ձեզ մոտեցնել այդ ընտանիքին, Բարի մարդիկ են: Կարելի է զվարճանալ:

Նա հեռացավ:

Զ

Բաքոսյանի վրա խորին ազդեցություն ունեցան Մեդվեդովսկու խոսքերը, մի գաղտնի, իրան ևս անբացատրելի ցանկություն հետաքրքրում էր նրան՝ մոտենալ այդ ընտանիքին, տեսնել, որպես նա ասում էր՝ «ի՞նչ թռչնիկ» է այդ աղջիկը: Նա առավ ձեռքի եղեգնափայտը, դուրս եկավ պարտիզից և սկսավ թափառել գյուղի շրջակայքում: Նատաշան եկավ հավաքելու թեյի պարագայքը:

Արեգակը բոլորովին մայր մտավ: Երեկոյան վերջալույսը դեռ շողշողում էր զառեկի գույնով, թափանցիկ ամպերը երկնակամարի վրա ընդունել էին շքեղ կերպարանք:

Քանի րոպեից հետո Մեդվեդովսկին հասավ մի ոչ այնքան մեծ, բայց բավականին ճաշակով շինված տան դռանը: Նրա առջև դուրս եկան երկու կանայք ամառվա թեթև հագուստով: — Դրանք Կոչերովներն էին՝ մայր և դուստր:

— Դուք սպասել տվիք, Նիկոլայ Պետրովիչ, — ասաց օրիորդը երիտասարդին՝ թեթև դժգոհական ժպիտով:

— Ներեցեք, Սոֆի Իվանովնա — այդպես էր օրիորդի անունը — ներեցե՛ք, որ այդպես պատահեցավ:

Մեդվեդովսկին խոսք էր տվել նրանց՝ միասին գնալ երեկոյան զբոսանքի:

— Նա միշտ խաբել գիտե, — ավելացրեց օրիորդի մայրն ընտանեկան հանդիմանությամբ:

— Ներեցե՛ք, Մարիա Վասիլևնա, — դարձավ երիտասարդը դեպի մայրը, — ես այստեղ ուշացա մի ընկերի մոտ:

Նրանք շարունակեցին գնալ:

ՔԱՎԹԱՌ

Ա

1873 թվականն էր:

Չինաստանի Թին-թին-Թվիզ քաղաքի «Սպիտակ-Լուսնի» հյուրանոցը լուսավորված էր բավականին աղոտ լույսով: Երկու զուգահեռաբար գրած սեղանների վրա՝ տեղ-տեղ կարմիր գինով մրկտված սփռոցները, կարգով շարած ամանները՝ ուտելու խոշոր պարագաներով գրգռում էին հաճախորդների մեջ գայլի ախորժակ:

Այդ սեղաններից մինի շուրջը բոլորած էին մի քանի երիտասարդներ, — երիտասարդներ ավարտած, կիսավարտ, երիտասարդներ դատարկ գլխով և մեծ պահանջմունքներով: Դրանք էին նոր սերնդի ներկայացուցիչները, իրանց թարմ ուժերով և նոր մտքերով:

Նրանցից մինը ծույլ կերպով յուր մարմինը վեր էր թողած աթոռի վրա՝ թնքը տված սեղանին, երևի շատ գոհ էր այդ կարասիքներից, որոնք կարողացել էին բռնել նրա թմրած անդամները: Նա հագնված էր բավականին մաքուր կերպով, նրա կուրծքը զարդարված էր ոսկի շղթայով և մատի վրա փայլում էր գոհար մատանի: Նրա հիմար-կռվային դեմքը, խնամքով ածելած թշերը, սառն, անխորհուրդ աչքերը, կոկած և յուղած մազերը պատկերացնում էին խիստ ապուշ և մեղկ բնավորություն: Երեսի վրա դուրս փչած կարմիր պզուկները ցույց էին տալիս, թե պարոնը խիստ սերտ հարաբերություններ ուներ վեներայի հետ:

Երիտասարդը ուսումնական էր: Նա ուսումնական էր, որովհետև ուներ դիպլոմ, որը ստացավ իբրև վկայական յուր՝ Նանկինում մի քանի տարի մոլի և անբարոյական կյանք վարելուց: Նրա անունը թարգմանվում է հայոց խոսքերով Ջուր-ծամող:

Նրա մոտ լուռ նստած էր մի փոքրիկ մարդ, որի ցամաք, որպես շինականի տրեխ դեմքը, կատվանման ռեխը, նեղ ու հուլունքի պես պսպղուն աչքերը բացատրում էին մի ստոր և կեղտոտ հոգու պատկերը: Դժոխքի մուկը միայն յուր ստորաքարշ հատկություններով կարող էր մրցություն անել այդ ծածկամիտ և նենգավոր բնավորության հետ: Նա մի ձեռքով թշնամաբար քաշքշում էր յուր քոսա միրուքի մազերը, միևնույն րոպեին, երևում էր, յուր սրտումը հաշիվ էր տեսնում Սադայելի հետ: Պարոնի անունը հայոց խոսքերով թարգմանվում էր Սատկած-ոջիլ:

Հանկարծ Ջուր-ծամողի կովային երեսը ցնցվեցավ մի թթու ժպիտով նա գոչեց.

— Տրակտիրչի՛կ, բե՛ր մազերդ քաշեմ:

Նա ամենևին չշարժվեցավ յուր տեղից, կարծես շատ գոհ մնաց յուր լեզվից, որ կարողացավ արտասանել այդքան շատ բառեր:

Նրան մոտեցավ պանդոկապետը, մի շիկահեր երիտասարդ, թեթև... ծնոտի վրա, խելացի և ազնիվ դեմքով, որի հպարտ և անձնասեր շարժվածքը ամենևին չէին ցույց տալիս պանդոկապետներին հատուկ ստորաքարշ հայհոյամոլությունը: Երևում էր, որ, հանգամանքներից ստիպված՝ այդ պարոնն ընդունել էր յուր կոչմանը անհարմար մի պաշտոն: Այսուամենայնիվ, լսելով Ջուր-ծամողի հիվանդ ձայնը՝ նրա հետաքրքրությունը շարժվեցավ և մոտ գնաց, հարցնելով.

— Հը՛մ, էլի ի՞նչ կա:

— Բե՛ր մազերդ քաշեմ, — կրկնեց Ջուր-ծամողը, ձեռքը շարժելով:

— Դու կարա՞ս իմ մազերը քաշել, — հարցրեց պանդոկապետը, — դու խոմ մարդ չես, դու Բաղդադի թամբալներիցն ես, որ պառկում են արմավենու տակ, բերանները բաց են անում, գուցե մի բարի բախտով խուրման ինքն իրան ընկնի նրանց բերանը:

Ջուր-ծամողին երևի դուր եկան այդ խոսքերը, որ նկարագրում էին նրա հերոսական բնավորությունը, և նա, յուր ռեխին խիստ հարմար ձև տալով՝ դարձյալ կրկնեց.

— Շատ մի՛ հաչեր, բե՛ր մազերդ քաշեմ:

— Դե՛, քաշիր, — ասավ պանդոկապետը, բարձրացնելով յուր սարսափելի մուշտին: Ջուր-ծամողը զարհուրելով ետ քաշվեցավ, զրկվելով յուր սովորական զվարճությունից:

Սատկած-ոջիլը, որ բոլոր ժամանակը լուռ նայում էր այդ դրամատիկական հանդեսին ավելի ախորժանքով ձիգ տվեց յուր քոսա միրուքի մազերը և նրա՝ արյունից քամված տզրուկի նման շրթունքների միջից լսելի եղավ խի՛... խի՛... խի՛... մի ծիծաղ, որ ավելի նման էր հոգեվարք կատվի հեծկլտոցին:

Բ

Սույն միջոցին հյուրանոցը ներս մտավ մի պարոն: Դա մի փոքրիկ մարդ էր, կարճլիկ հասակով, ցամաքած մարմնով և տարիքն անցած, որը կամենալով յուր էշն էլ երիտասարդության քարվանին խառնել՝ ձևացնում էր իրան որքան կարելի է մանկահասակ: Նրա կապկանման գորշ դեմքը, նենգավոր աչքերը, խառնիխուռն մազերը, կծկված մորուքը, բացատրում էին կեղծավորություն և խռովարար բնավորություն: Կարծես ստեպ-ստեպ թեքվելուց, խոնարհվելուց և նշանակություն ունեցող պարոնների ոտքերը լիզելուց՝ նրա մեջքը ծռվել էր յուր սովորական ուղղությունից և ստացել էր փոքր-ինչ սապատողական ձև: Իսկ հմուտ ֆիզիոլոգները, այդ երևույթը մի այլ անսպասելի պատճառի էին ընծայում...

Այդ մարդը կարծես ներկայացնում էր այն օձը, որ ներս սողաց նախաստեղծ մարդերի անմեղ բնակարանը:

Այսուամենայնիվ, նրա երևալը մի առանձին հաճություն պատճառեց Ջուր-ծամողին, և սա փոխելով յուր նվիրական անշարժությունը՝ դարձավ դեպի նորեկ պարոնը, ասելով.

— Հա՜, Քավթա՜ռ, վերջապես եկա՞ր դու:

Պանդոկապետը սկսեց ծիծաղել: Իսկ Քավթառը — այդպես էր եկվորի անունը — մոտենալով Ջուր-ծամողին՝ ասաց.

— Տո՜, մեռած, հալա սա՞ղ ես:

— Քեզ պետք է թաղեմ, Քավթառ, դու պառավել ես, ատամներդ թափվել են, բայց ես ջահել եմ, հալա չեմ մեռնի, — պատասխանեց Ջուր-ծամողը:

Իսկ Քավթառը ցույց տալու համար, թե դեռ երիտասարդ է՝ նստեց աթոռի վրա և բաժակը սեղանին զարկելով, կոչեց.

— Ըստ կարգին:

Այդ սովորական խոսքի իմաստը վաղուց ծանոթ լինելով պանդոկապետին՝ դրեց նրա առջև մի շիշ գինի, ասելով.

— Դե՜, լկիր:

— Քավթառը սկսեց խմել և ծխել:

Գ

Այդ րոպեին գնդախաղի դահլիճից դուրս եկավ մի սևուկ երիտասարդ, բարձրահասակ, թուխ, գանգուր մազերով, երկճղի մորուքով, քիթը զինվորած պենսնեով: Նրա սևորակ աչքերը, գիժ մոզու աչքերի նման վառվում էին մի տարապայման կրակով:

— Շամշու-ղամար, — կոչեց նա մոտենալով առաջիններին, և միմոսական կերպով կռանալով դեպի Ջուր-ծամողը՝ ասաց,

— Տո՛, գուղաուրի, վո՞ւնց ես, — և դառնալով դեպի Քավթառը՝ ասաց.

— Տո՛, իշի մամիդա, վո՞ւնց ես, ջեր սա՞ղ ես:

— Դա Նոյի ազռավն է, դա չի սատկի, — մեջ մտավ Ջուր-ծամողը:

— Հա՛ ... հա՛ ... հա՛... — ծիծաղեց և Սուտ-փրթփրթողը — այդպես էր նրա անունը — և նստեց առաջինների մոտ:

— Ո՞ւր է Իծի-մորուքը, չէ երևում, — հարցրեց նա:

— «Շան անունը տաս, պոչը ժաժ կտատ», ահա՛, — ձեռքը մեկնելով դեպի դուռը՝ ասաց Քավթառը:

Եվ իրավ, ներս մտավ մի երիտասարդ միջակ հասակով, ֆրանտ, մկան պոչի նման բարակ սպանիոլկով ծնոտի վրա, սև կոկած մազերով և թուխ աչքերով: Նրա ամբողջ կերպարանքը արտահայտում էր պճնասիրություն, վավաշոտ թուլություն և չար նախանձ: Կարծես այդ պարոնը խիստ գոհ չէր յուր բախտից, թե ինչո՞ւ աստված նրան տղջիկ չէր ստեղծել, թե ինչո՞ւ ինքը չէր կարող կրինոլին կամ յուբկա հագնել...

Իծի-մորուքը — այդպես էր նոր եկվորի անունը, — մոտեցավ առաջիններին, ինչ-որ փսփսաց ականջին, մի քանի խոսք էլ անլսելի կերպով Ջուր-ծամողին ասաց, հետո ինչ-որ «լուի» անուն լսվեցավ, և իսկույն տիրեց րոպեական լռություն:

Սատկած-ոջիլը, որ բոլոր ժամանակը լուռ նստած էր, դարձյալ արձակեց մի այնպիսի ծիծաղ — խի՛ ... խի՛ ... խի՛ ...

Բոլորի ուշադրությունը դարձավ դեպի նա, որը հանեց յուր ծոցից մի թերթ թուղթ և ցույց տվեց Քավթառին, մյուսներն էլ ամեն կողմից վրա թափվելով, սկսան նայել թղթի վրա:

— Լա՛վ զարբազան ես գրի, — ասաց Սուտ-փրթփրթողը ուրախանալով:

— Էս մինը ավելի լավ է, որ ոտանավորով ես գրել, — խոսեց Իծի-մորուքը: Ամենքի երեսի վրա փայլեց ուրախություն:

— Գինի՛, — կանչեցին բոլորը ուրախանալով:

Սույն միջոցին նախասենյակից լսելի եղավ մեղեդիի հնչումները, դռները շառաչմամբ ետ գնացին, հպարտ քայլերով ներս մտավ մի այլ երիտասարդ, շագանակի գույն մազերով, վերարկուն անփույթ կերպով ձգած ուսին, և կզակը կապած սպիտակ թաշկինակով:

— Ահա՛, Քամի-փչողն էլ, — ձայն տվեցին առաջինները, ցույց տալով եկվորին:

Իսկ Քամի-փչողը մոտեցավ նրանց: — Հը՛մ, Թաթոնե՛ր, ի՞նչ խաբար, — հարցրեց:

Նրանք ցույց տվեցին նրան Սատկած-ոջիլի ոտանավորը: Քամի-փչողը աչքե անցնելով այն տողերը՝ կրկին արհամարհանքով ետ տվեց, ասելով ինքնաբավական հպարտությամբ.

— Քե՛փ արեք, թե այդ գրվածքը չներգործե՝ ես մի «հավելված կու գրիմ»:

Վերջին խոսքերը կարծես ոգի շնչեցին Թաթոների մեջ (այդ անունով էր կոչվում նրանց խումբը), և նրանք սկսեցին իրանց առաջին կինտոյուբանությունը, — հանաքներ անել, միմյանց լուտանքներ արձակել, ծիծաղել, հռհռալ, ուտել, խմել և այլն:

Երբ բոլորի կատարները տաքացած էին՝ վեր բարձրացավ Քավթառը, որպես Թաթոսական խմբի պատրիարքը և ասաց.

— Պարոննե՛ր, այժմ դեպի գործ:

Բոլորը վեր կացան ընթրիքի սեղանից, առանձնացան մի անկյունում, բոլորեցին խաղաթղթի շուրջը և սկսվեցավ գործը...

Աքաղաղները երեք անգամ կանչել էին, տակավին մեր հերոսները գործում էին: Մոտեցավ պանդոկապետը և հրամայեց վերջացնել խաղը, ասելով՝ հյուրանոցի դռները պետք է կողպվին: Նրանք դադարեցան խաղալուց, և մի ամբողջ ժամ հաշիվների վրա կովելուց և միմյանց հայհոյելուց հետո թողին հյուրանոցը:

Հյուրանոցի մի անկյունում, սեղանի մոտ, որի վրա գրված էին զանազան լեզուների լրագիրներ, միայնակ նստած էր մի երիտասարդ: Նա մերթ-մերթ ըմպելով յուր մոտ գրած սև գարեջրի գավաթը, ծխում էր և կարդում էր: Այդ պարոնը, — միջակ հասակով, բարեձև կազմվածքով, բավականին պարկեշտ կերպով հագնված մի երիտասարդ էր, որի պատկառելի դեմքը, բարձր և լայն ճակատով, կարճ, խուճուճ մազերով, գանգուր մորուքով, երևի ստեպ-ստեպ պարապմունքից տկարացած աչքերով. — արտափայլում էր խիստ ծանր և խոհեմ բնավորություն: Նրա դեմքը տխուր էր, որպես ամպամած երկինքը, նրա աչքերում նկարված էր սաստիկ արհամարհանք դեպի յուր շրջակայքը:

Նա վերջացնելով գարեջրի գավաթը, կրկին վառեց յուր սիգարը, և ձեռքը ծնոտին դնելով, կրթնեցավ սեղանի վրա և սկսավ նայել Թաթոսների խմբին, թե որպես ճղճղում էին նրանք, որպիսի՜ լուտանքներ էին արձակում մինը մյուսին, և որպիսի՜ կռիվներ էին սարքում խաղի մեջ հաշիվների պատճառով:

Խեղճ երիտասարդի դեմքը ավելի մռայլվեցավ, և նա, խորին հոգոց հանելով, ասաց այդ խոսքերը, «Խմբագրությո՛ւն... և ազգային ուսումնարանի ուսուցիչնե՛ր... ահա մեր լուսավորիչները... խեղճ ազգ, ո՞ւմ ձեռքը հանձնել ես քո ճակատագիրը...»:

Մինչ նա այդ տխուր խորհրդածության մեջ էր, նրան մոտեցավ մի մանկահասակ պարոն կարճլիկ հասակով, համեստ, մոխրագույն հագուստով, նրա վսեմ դեմքը յուր արծվի, ցամաք, գունատված այտերով, փոքրիկ մորուքով, խելացի, կրիտիկական աչքերով բացատրում էին հանճար, և երկաթի կամքի հաստատամտություն:

Այդ երիտասարդը կարծես մաշված յուր կյանքի թարմ և զարդագեղ գարունքի մեջ, ներկայացնում էր անձնանվեր զոհաբերության պատկերը, գործի և աշխատության:

— Ողջույն, ընկեր, — ասաց նա մի թեթև ժպիտով, մոտենալով առաջինին, — գիտե՞ս, մեղրաճանճերը դարձյալ սկսել են խռովել...

— Ինչո՞ւ չեք ասում իշամեղուները, — նրա խոսքը կտրեց առաջինը:

— Այս իշամեղուները, — կրկնեց փոքրիկ երիտասարդը, — հարկավոր է միայն Չաքուչին ասել մի փոքր մուխ տա նրանց:

Սույն միջոցին բայր օձի քայլերով մոտեցավ նրանց մի այլ երիտասարդ, ծաղկավեր մետաղի երեսով, սարսափելի, ծաղրական աչքերով, որի դեմքի ամեն մի գծերից արտահայտվում էր թունավոր երգիծաբանական պարսավանք դեպի ամեն մի տգեղ և զզվելի երևույթ, ընդ նմին և ազնիվ անկեղծություն:

— Բարով, բարով, Չաքուչ, ո՞ւր էիր, — դարձան դեպի նա առաջին երիտասարդները:

— Թափառում էի... լրտեսում էի... սնցնում էի... ջարդում էի... և փշրում էի... — պատասխանեց Չաքուչը ինքնաբավական արհամարհանոք:

— Այդ քո պաշտոնն է, — ասաց երիտասարդը՝ արծվի քթով:

— Թեև դու լրտեսում ես, պարոն, — ասաց տխրադեմ երիտասարդը, — բայց չես կարողացել նկատել մեր հասարակական գործերի ավելի խոշոր երևույթները:

— Որպե՞ս, — աչքերը լայն բացելով հարցրեց Չաքուչը:

— Սեպտեմբեր ամիսը եկավ, Ն.... ուսումնարանի ընտրողությունները մոտեցան, մեր լուսավորիչների կյանքի և մահու րոպեն հասավ...: Այդ պարոնները սկսել էին եկեղեցիների շեմքը մաշել... տանից տուն թրև գալ... և նշանակություն ունեցող աղաների և տիկինների շրթունքին մեղր քսել...

Իրավունք ունին, — պատասխանեց Չաքուչը, — այստեղ հացի խնդիրն է, նրանք պատերազմում են կյանքի գոյության համար: Հեշտ բան չէ՛ երկար տարիներով լուսավորության մենավաճառը յուր ձեռքին ունենալ, և հանկարծ զրկվել նրանից:

— Նայեցեք, նայեցեք, լուսավորիչներին, — ասաց ժպտալով տխրադեմ երիտասարդը, ցույց տալով խաղացող Թաթոսների խմբին:

— Չէ՛ կարելի մեղադրել նրանց, պարոններ, — ասաց փոքրիկ երիտասարդը արծվի քթով, — այդպես դատարկությամբ անցուցել են դրանք իրենց բոլոր կյանքը: Ես կճանաչեմ նրանց իրանց ուսանող ժամանակից: Ոչինչ չէին շինի, ոչինչ չէին կարդա, երբեմնապես միայն դասախոսություններ լսելու կերթային, իրանց ժամանակը կվատնեին այլ և այլ զվարճության տեղերում, պատուվաճառուհիների հետ կսիրախոսեին, և մի քանի տարի այսպիսի դատարկ կյանք վարելուց հետո, սատանան է խաբար թե որպես... մի ուսումնական տիտղոս ձեռք ձգելով, դառնում են դեպի իրանց հայրենիքը, դատարկ գլխով և դատարկ գրպաններով,

— Իսկ այստե՞ղ, — հարցրեց Չաքուչը:

— Այստեղ նրանց պահանջմունքները մեծ են. — Իրանց տգիտությանը բարձր նշանակություն տալ, աշխատել զանազան ինտրիգաներ սարքել, իրանցից բարձր ամենայն ուժեր ստորացնել, և իրանց անձնական եսը դուրս ձգել, այս և այն ազնիվ պարոնի պատվին մուր քսել, որ իրանց տգիտությունը չերևի, ամենատեսակ խորամանկություն, եզվիտություն բանեցնել, աշխատողների և գործողների անունը կոտրել, հասարակական գործերի մենավաճառը յուր ձեռքը ձգել, իրանց գրպանը պարարտացնել, որ կարողանան գիշերներ անցուցանել, ուտել, խմել, խաղալ, լրբանալ... և առավոտյան թուլացած, թմրած, և պատրաստ դասատուն երթալ, հորանջելով շուտ-շուտ ժամացույցին նայել, թե երբ զանգակի ձայն կլսվեր, որ ազատվեին իրանց անտանելի աշխատությունից... այսուամենայնիվ կույր ժողովուրդը ճանաչում է դրանց որպես լուսավորիչներ, ազգասերներ, որպես գործող մարդիկ:

— «Կույր ձին կույր էլ նալբանդ կունենա», — կնքեց Չաքուչը յուր խոսքը:

Երկու երիտասարդները խնդացին, — գնանք, պարոններ, գնանք մի փոքր օդ շնչելու, չարժե այդպիսի մարդերի հետ ժամանակ վարել — ասաց արծվի քթով երիտասարդը և երկուսն էլ դուրս եկան հյուրանոցից, երբ Քավթառը տասներորդ անգամ կոչում էր ըստ կարգին...

Դ

Ամեն գիշեր «Սպիտակ-Լուսնի» հյուրանոցը պատիվ ուներ այդ պատվական հյուրերն յուր մեջ ընդունելու: Ամեն գիշեր նրանք ուտում, խմում, միմյանց հետ հանաքներ էին անում, թուղթ էին խաղում, կռվում էին, հայհոյում էին և հեռանում հյուրանոցից:

Ովքե՞ր էին այդ պրոնները: — Ազգային լուսավորիչներ: Նրանց ձեռքումն էր ժողովրդի մտավորական և բացառական կրթության — ուսումնարանը, մամուլը և երկու ամենազորեղ գործիքները:

Քավթառը տեսուչ էր քաղաքի հոգևոր դպրոցում՝ ուր ուսուցանվում էր Լամայի կրոնքը և Կոնֆուկիմոսի իմաստությունը, ուր պատրաստվում էին բարեպաշտ մանդարիններ: Ջուր-ծամողը տեսուչ էր մի օրիորդաց ուսումնարանի և պատրաստում էր կրթված հայրացուներ: Իսկ մնացածները վարժապետներ էին այդ երկու ուսումնարանների: Նրանք միևնույն ժամանակ խմբովին հրատարակում էին մի լրագիր «Միջատ-Չինաստանի» անունով, որ էր պաշտոնական օրգանը նույն քաղաքի մանդարինների գլխավորին, որի քթին անուշ խունկ էին ծխում և փոխարենը ստանում էին ամեն տարի մի հազար դուկատ կաշառք: Գլխավոր մանդարինը յուր կողմից պաշտպանում էր և հովանավորում նրանց, մտածելով, որ նրանց պրոպագանդայով շուտով մեծ դալայլամայի գահը կստանար: Այս պատճառով այդ մարդիկը փոխադարձաբար ամենաասարսափելի կերպով միմյանց օգնում էին:

Գիշերն անցավ:

Թին-թին-Թվիզի մինարեթները դեռ նոր էին սկսել փայլել արևի առաջին ճառագայթներից, դեռ նոր թեյի թփերը վեր էին խնկում իրանց անույշ բուրմունքը:

«Սպիտակ-Լուսնի» գիշերային հյուրերից շատերը դեռ մրափում էին իրանց դահլիճներում և բաքոսի հետ երազներ էին տեսնում: Իսկ մի քանիսը, անքնությունից թմրած և թուլացած՝ զարթեցան, և հակամայից ստիպված, աչքերը ճմռելով սկսան դիմել դեպի իրանց գործը:

Ամենից վաղ Ջուր-ծամողը լվացվեցավ, սանդրվեցավ, կոկվեցավ և դիմեց դեպի օրիորդաց ուսումնարանը: Երբ սա հասավ՝ աղջիկները բոլորը հավաքվել էին և ուսումնարանի բակում խաղ էին անում: Երբ որ տեսան տեսչին՝ սրանցից մի քանի հասուն օրիորդներ վազեցին, նրա առաջը կտրեցին:

— Պարոն տեսուչ, պարոն տեսուչ, — ասացին նրանք, — էգուց ձեր անվանակոչության տոնախմբությունն է, մենք պետք է գանք ձեզ մոտ շոկոլադ խմելու:

— Շատ լավ, եկե՛ք, կոնֆետներ էլ կառնեմ ձեզ համար, — պատասխանեց տեսուչը ժպտալով:

— Հի՛... հի՛... հի՛... — ծիծաղեցին օրիորդները և վազեցին, իրանց ընկերուհիներին պատմեցին նույն ուրախալի խոստմունքը:

Զանգակի ձայնը հնչեց: Աշակերտուհիները սկսան հավաքվել դասատունները:

Տեսուչը նույնպես սկսավ ման գալ դասատունները և նայել կարգերին:

— Էդ թանաքամանը ո՞վ է տեղից շարժել, — կոչեց նա ժանգոտ ձայնով:

Աշակերտուհիներից ամեն մինը սկսավ երդվել, որ ինքը չէ արել: Տեսուչը ուղղեց թանաքամանը և մռմռալով անցավ: Նա տեսավ հատակի վրա ընկած մի փոքրիկ կտոր թուղթ:

— Էդ ո՞ր անզգամն է ձգել, — գոռաց նա: Աշակերտուհիքը դարձյալ սկսան երդվել և ճիչ բարձրացնել:

— Սո՛ւս, սո՛ւս, անպիտաններ, ես չե՞մ ասել, որ դասատուները չպետք է աղտոտեք: Օրիորդ հուրի, էդ քո բանը կլինի, անիծած, դեպի անկյուն:

Խեղճ հուրին գնաց, կանգնեցավ անկյունում, թեև բոլորովին անմեղ էր:

Պ. տեսուչը տեսավ մի աղքատ աշակերտուհու կոշիկը մի փոքր պատռված:

— Անպիտա՛ն, — գոռաց նրան, — ես քեզ չպատվիրեցի՞, որ ուսումնարան չգաս մինչև նոր կոշիկներ չհագնիս:

— Պարոն տեսուչ, մայրս խոստացավ, որ այսօր արծաթե բաղիան գրավ կդնե մեր հարևանի մոտ և ինձ համար կոշիկներ կառնե:

Ամեն ինչ այդպես կարգի դնելուց հետո, պ. տեսուչը դուրս գնաց պատշգամբը, այնտեղ վարժուհիներից մեկը միայնակ ճեմում էր: Մի քանի անգամ նրանք շրջան տվեցին, խոսեցին, հռհռացին և երկար քաղցրաբանություններից հետո, ներս մտան ուսուցչական սենյակը:

Ե

Սատկած-ոջիլը թեև վարժապետություն էր անում, բայց միևնույն ժամանակ նա ծառայում էր արքունի դատարանում: Արևածագից մի քանի ժամ անցած էր, երբ նա մի լայն փողոցով վազում էր դեպի յուր ծառայության տեղը: Ճանապարհին մոտեցավ նրան մի մարդ վշտահար դեմքով:

— Աղա՛, — ասաց նա, — ես ձեզանից մի բան խնդրած ունեի:

— Մի բա՞ն, — կրկնեց Սատկած-ոջիլը, և ռեխը դեպի վեր ցցելով մտածության մեջ ընկավ:

— Էն գործեի մասին էի՛... — շարունակեց վշտահար մարդը:

— Դա՛, դա՛, միտքս ընկավ, — պատասխանեց Սատկած-ոջիլը, — բայց դժվար գլուխ գալու բան է:

— Աղա ջան, ես ձեր զահմաթը կքաշեմ, — հառաշ տարավ վշտահարը, և կոխեց Սատկած-ոջլի ձեռքը մի բուռն ոսկի:

Նրա նեղ աչքերը վառվեցան անսովոր ուրախությամբ:

— Գնա՛, — ասաց նա, — միամիտ կաց, ինչպես ասել ես այնպես էլ քո բանը կու շինեմ:

Մեր ընթերցողը երևի ոչինչ չհասկացավ այդ խոսակցությունից:

Սատկած-ոջիլը, որպես ասացինք, ծառայում էր դատարանում, նրա պաշտոնն այն էր, որ դատարանին տված խնդիրները և գործերը կարգի դներ, հերթ նշանակեր քննության համար: Վշտահար պարոնի վրա մի մարդ գանգատվել էր, և նա հաստատ գիտենալով, որ գործը կկատարվի և պահանջված արծաթը իրանից կառնեն, աշխատում էր, որքան կարելի է, գործի քննությունը ետ ձգել, որպեսզի ինքը կարողանա ժամանակ գտնել մի քանի օր առաջ յուր կայքը թաքցնելու կամ վաճառելու, որ հետո պարտատերը չկարողանա մի բան գտնել, որի վրա կարելի լիներ դարձնել պահանջը: Սատկած-ոջիլը, հնարավոր լինելով այդ խարդախությունը՝ խոստացավ նրա գործը մի ամսով հետաձգել:

Ջ

Վաղ առավոտյան Քավթառը մկան նման խլրտվում էր դեպի հոգևոր դպրոցը: Գիշերվա կոնծաքանությունից դեռ Բաքոսը յուր բոլոր խմբով նրա գլխում զուռնա-նաղարա էր ածում: Նա հասավ դպրոցի դուռը, տեսավ աշակերտներից մինը գրքերը թևքի տակին գալիս է:

— Ինչո՞ւ ես այդպես ուշ գալիս, — հարցրեց նրան:

— Մայրս բազար ուղարկեց, պարոն տեսուչ — պատասխանեց աշակերտը:

— Ուրեմն էդպե՞ս...

Նրանք սկսան վեր բարձրանալ սանդուղքներից:

Դպրոցը տեղավորված էր մի հին շինվածքի մեջ, որ ավելի նման էր թուրքի քարվանսարայի:

Քավթառը վեր բարձրանալով սանդուղքներից՝ անցավ պատշգամբը և լսեց վարժապետների ձայնը, որոնք միմյանց հետ կռվում էին:

Տո՛, ա՛խմախ, փող ես տարվել, տո՛ւր էլի՛, փող չունեիր, ո՞ւր էիր խաղում, — գոռում էր նրանցից մինը:

— Ախմախ է՛լ ես, էն ինչ... էլ ես, պարտքս է, կտամ, խոմ չեմ ուրանում, — պատասխանեց մյուսը:

— Քանի անգամ էդպես խոստացել ես, հետո ուրացել ու չես տվել:

— Ուրացողը դու ես:

— Սուտ ասողի հերն ու մերը...

— Հազար անգամ:

— Ի՞նչ խաբար, ի՞նչ խաբար, — վրա հասավ Քավթառը:

— Էս գիշեր, դու ինքդ իմանում ես, դա ինձ տարվեցավ հարյուր դուկատ, խոստացավ, թե առավոտը կտամ, հիմա ասում է չունիմ:

— Լավ, լավ, մի՛ կռվեք, — ասաց Քավթառը, — ես քո փողը դրա ռոճիկիցը կբռնեմ, եկեք բարիշեք, ես էլ գլխներիդ «պահպանիչ» կկարդամ:

Կռվողները հանգստացան:

Աշակերտները շրջապատած լսում էին վարժապետների զվարճալի խոսակցությունը, բայց նրանց զրկեց այդ ուրախությունից զանգակի ձայնը, և բոլորը վազեցին դեպի դասատունները:

Է

Բարձր դասատան վարժապետը դեռ չէր եկած, երևի դեռ պառկած էր Նոյ նահապետի գրկումը: Այդ դասատան աշակերտներից երկուսը պատշգամբի վրա ման էին գալիս և նրանց մեջ անց էր կենում հետևյալ խոսակցությունը:

— Այս տարի մենք կավարտենք, — ասաց նրանցից մինը, — ա՜խ, որքան բախտավոր կլինենք, եթե մեզ բարերարների հաշվով ուղարկեին Նանկինի համալսարանը բարձր ուսում ստանալու:

— Մեզ չեն ուղարկի, — պատասխանեց մյուսը տխրությամբ:

— Ինչո՞ւ չեն ուղարկի, երբ մենք մեր բոլոր ուսման ընթացքում աշխատասեր աշակերտներ ենք եղած:

— Բանը աշխատասիրության վրա չէ՛, եղբայր, Մատակյանցը անընդունակ և ծույլ աշակերտներից մինն էր, նա ոչինչ չէր սովորում, ամբողջ օրը կոնֆետներ էր ուտում, բայց նրան ուղարկեցին:

— Ինչո՞ւ:

— Նրա համար, որ նա տեսչի բարեկամն էր...

Առաջին աշակերտը խորին կերպով հոգոց հանեց, — Մեր ուսումնարանը կատարյալ Սոդոմ է դարձել... — ասաց նա և լռեց:

Ը

Մի քանի օրից հետո Թին-թին-Թվիզի հասարակաց այգում զբոսնում էին երկու մանկահասակ տղամարդիկ:

— Ինչպե՞ս է այստեղի հոգևոր դպրոցի դրությունը, — հարցրեց նրանցից մինը, որ նոր էր եկած այն քաղաքը:

— Շատ վատ, — պատասխանեց մյուսը, որը մի քանի տարի այն քաղաքումն էր ապրում:

— Ի՞նչ է պատճառը:

— Տեսուչը և վարդապետները, անբարոյական մարդիկների խումբ, ձեռք են ձգել այդ ուսումնարանի մենավաճառությունը: Նրանք ստանում են շատ յուղալի ռոճիկներ, և որպեսզի այդ անուշ պատառը նրանց բերանից ուրիշները չկարողանան խլել՝ կազմել են մի ամբողջ եզվիտական դաս, զինվորված նրանց բոլոր խորամանկություններով և խաբեություններով: Զորօրինակ, ժողովրդի աչքերին թոզ փչելու համար, թե իրանք նվիրված են լուսավորության գործին՝ նրանք օրիորդաց ուսումնարանում ձրի դասատվություն են անում, բայց քննությունների ժամանակ թույլ չեն տալիս ուրիշներին նրանց գործունեությունը հետազոտելու, աշակերտներին հարցեր առաջարկողներին ոստիկանության զինվորներով դուրս են անում ուսումնարանից:

— Մի՞թե այդ ուսումնարանները չունին հոգաբարձուներ:

— Ունին, ժողովրդից ընտրված տասներկու հոգաբարձուներ, բայց ուսումնարանների կառավարությունը բոլորովին նրանցից կախված չէ, այլ գլխավոր մանդարինից: Դպրոցի տեսուչը, Քավթառը, նրա շատ մտերիմ բարեկամն է, «Մեկն ինչպես ածում է՝ մյուսն էլ այնպես պար է գալիս...»: Բայց թե ի՞նչ գաղտնիք կա այդ երկուսի մեջ՝ այդ աստված գիտե, թեև ժողովրդի մեջ շատ անվայել բաներ են խոսվում...

— Եվ հոգաբարձուները լսո՛ւմ են:

— Չեն լսում, բայց իրանց հարայ-հրոցով էլ չեն կարողանում մի բան շինել, որովհետև գլխավոր մանդարինը տեսչի կողմն է: Բացի սրանից, այս վերջինը, խորամանկ, որպես օձ, արդեն մտել է հոգաբարձուներից մի քանիսի դամարը, և նրանց մեջ երկպառակություն է ձգել:

— Մի՞թե դրանց մեջ օրինավոր մարդիկ չկան:

— Դուք կարծում եք օրինավոր մարդիկ կարո՞ղ են նրանց մեջ

դիմանալ: Եղել են նրանց մեջ օրինավոր մարդիկ, բայց այդ եզվիտների խումբը ամեն հնարք գործ է դնում նրանց հալածել, հուսահատեցնել և հեռացնել: Եվ, արդարև, փոքրիշատե յուր պատիվը և ազնվությունը պահպանող մարդը հեռանում է նրանցից, և նրանք սկսում են արհամարհական հիշոցներ կարդալ նրա ետքից. «Նա անընդունակ էր ազգային լուսավորության գործին, նա բռնակալ էր, նա եսական էր», և այլն:

— Սարսափելի՛ մարդիկ:

— Օրինակի համար, դրանց մեջ կա մինը, որին կոչում են Ջուր-ծամող. այդ բառի մեջ պարունակվում է նրա ամբողջ բնավորությունը, որովհետև այնքան ծույլ է, որ ջուրն էլ ծամելով է խմում: Նրա ամբողջ գործունեությունը կայանում է նրանում, որ բամբասանքի և զրպարտության պարկը լցրած, թևքի տակին դրած՝ սկսում է զանազան ընտանիքներ մտնել, սրա և նրա վրա չարախոսություններ անել:

Նա հիմար է ավելի, քան ավանակը, բայց այդ հիմարությունը առիթ է տալիս շատերին հավատալ նրան՝ մտածելով, որ մի այդպիսի ողորմելի արարածը չէ կարող մարդ խաբել:

— Սատանան տանե այդպիսի մարդկանց, — կոչեց նրա խոսակիցը:

— Նրանց մեջ կա և մի ուրիշը, որին կոչում են Սատկած-ոջիլ: Եթե ինձ հարցնեն ես ավելի հարմար կհամարեի նրա անունը կոչել Սատկած-բաղլիջ, որ ջարդվելուց հետո էլ, անպիտան հոտ է արձակում: Նրա գործն այն է, որ սուտ լուրեր տարածե զանազան նշանավոր գրողների և գործիչների վրա:

— Բավական է, բավական, զզվեցան ականջներս, — ասաց եկվորը, և նրանք լռեցին:

Մենք էլ բավական ենք համարում զզվեցնել մեր ընթերցողին:

ԲԻԲԻ-ՇԱՐԱԲԱՆԻ

Թեհրանից դեպի արևելա-հարավային կողմը, մի ոչ այնքան ոտնակոխ եղած ճանապարհի տանում է քաղաքից երկու ֆարսախ հեռավորությամբ մի անապատ, ուր ուղևորին երևան է գալիս մի ընդարձակ տարածություն, շրջապատված բարձր պարիսպներով: Ասիական քաղաքներին սովորած աչքն առաջին անգամից կնկատե, թե տեսնում է մի կախարդական քաղաք, որ կուլ է գնացած յուր պարիսպների մեջ. — մինարեթներ, աշտարակներ և ոչ մի շինության նշան չէ երևում դրսից: Երևում են միայն պարիսպները: Բայց որտեղի՞ց է մուտքը:

Կախարդված քաղաքը դռներ ևս չունի:

Պարսից ծերունիների պատմությունը հիշյալ շինվածքի մասին խիստ առասպելական է: Նոքա ասում են՝ թե այդ ցերեկով լուռ և անբարբառ պարիսպների ներսից գիշերվա ժամանակ լսելի են լինում զարհուրելի ձայներ, թե պարիսպների շուրջը թափառում են բյուրավոր ուրվականների խմբեր, թե նրանք շատ չեն հեռանում, միայն պարիսպների մոտ են գալիս, երգում են, կատարելով իրանց դիվական զվարճությունը...: Իսկ երբ առավոտը մոտ է լինում լուսանալու, ամեն ինչ չքանում է, լռվում է և կրկին անբարբառ շրջապարիսպը նկարվում է անապատի մեջ յուր հսկայական տարածությամբ...:

Պարսիկը, լի նախապաշարմունքներով, երբեք չէ մոտենում հիշյալ շինվածքին, և լույս-ցերեկով այնտեղ տեսանելի չէ ոչ մի մարդկային արարած: Միայն ահագին ուրուրը սավառնում է պարիսպների վրա, գծելով օդի մեջ զանազան շրջաններ, կարծես այն ուրվականների ոգիներից մինը լինի դա...:

Ահա՛ այնտեղ, ավերակներից ոչ այնքան հեռու, բարձրանում է ծուխ: Ծուխը բնակության նշան է, և խիստ հրապուրիչ զորությամբ ձգում է մենավոր ճանապարհորդին դեպի ինքը:

Ծուխը դուրս է հոսում մի գետնափոր խրճիթից, որի տանիքը հավասար է երկրի մակերևույթին: Մի նեղ մուտք առանց դռան տանում է դեպի խրճիթի ներսը: Գերեզմանի պես խոնավ և մթին խորշ է գա: Միայն մի օջախի մեջ, որ փորած է մի անկյունում, թույլ կերպով վառվում են մի քանի կտոր փայտ, կարծես նրա համար միայն, որ այնտեղ պահպանվի կրակը...:

Օջախի մոտ, եղեգնյա փսիաթի վրա, նստած է մի կիսամերկ ծերունի և խորին ուշադրությամբ կարդում է մի գիրք: Նրա արտաքին կերպարանքն ազդում է պատկառանք և ցավակցություն: Դու կարծում ես, թե քո աչքի առջև երևում է մարմնացած խեղճությունը. — մի մարդ, որ աշխարհիս մեջ չուներ ուրիշ մխիթարություն և ապրում է միմիայն աստուծո համար...:

Դա մոգ է:

Նա կարդում է սրբազան գիրքը — աստվածային Զենդ-Ավեստան:

— Խաղաղություն քեզ, հայր սրբազնություն, — ողջունում եմ նրան:

Ամեն տեղ հալածական, ամեն տեղ անարգված, այս ողորմելի կրոնավորը ամբողջ կես դար անցուցել է յուր տխուր ճգնարանում: Առաջին անգամ է նա լսում մի օտարականի ձայն, որ առանց ահ ու սարսափ զգելու նրա վրա, ոտք է կոխում նրա շեմքի վրա խաղաղասիրական ողջույնով:

Նա խորին ծանրությամբ ծալում է գիրքը, մի կողմ է դնում և կանգնելով, ընդունում է յուր անակնկալ հյուրին:

Զրադաշտյան փիլիսոփայի խոսակցությունը մեղմ է և իմաստալից: Նա ախորժանոք պատմում է ամեն ինչ այն մարդուն, որ նայում է նրա վրա ավելի մարդասիրական աչքով: Ոչինչ նրան այնքան չէ մխիթարում, որքան մարդկանց համակրությունը, որովհետև այդ թշվառը յուր կյանքում երբեք գթություն վայելած չէ մարդո որդիներից...:

Բայց ինձ ավելի հետաքրքրական էր այն միտքը, թե ինչն էր առիթ տվել նրան բնակվիլ այն տխուր և ամայի անապատի մեջ, այն կախարդական շինվածքի մոտակայքում, ուր թափառում էին ուրվականների խմբերը միայն...:

Երբ այս մասին հարցմունք եղավ, մոգը յուր լի ջերմեռանդությամբ աչքերն ուղղեց դեպի երկինք, արտասանեց ինձ անհասկանալի մի քանի խոսքեր, որոնց միջից խիստ լիահնչյուն ձայնով դիպավ իմ ականջին բառս՝ Բիբի-Շարաբանի:

— Ի՞նչ է նշանակում այդ:

— Հետևի՛ր ինձ, բարի երիտասարդ, — ասաց նա, ընթանալով յուր խրճիթից դեպի դուրս:

Ես կատարեցի նրա հրամանը: Պարիսպը, որի մոտ տարավ ինձ մոգը, էր նույնը, որ ես առաջուց տեսած էի: Միայն նա մերձեցավ երկայն սանդուղքին, որ թավալված էր պարսպի մոտ, խնդրեց ինձ օգնել իրան վեր բարձրացնելու սանդուղքը:

Ես շուտով կատարեցի նրա ցանկությունը, երբ հասկացա նպատակը: Մոզը կամենում էր սանդուղքը գնել պատի մոտ և ինձ վեր հանել պարսպի գլուխը, իմ ուզածն էլ այդ էր, տեսնել արդյոք ի՞նչ կա այն փակյալ քաղաքի ներսումը:

— Նայի՛ր, — ասաց մոզը, — երբ մենք բարձրացանք վերնապարսպի վրա:

Ես երբեք չեմ կարող հեռացնել ինձանից այն անախորժ տպավորությունը, որ թողեց ինձ վրա այն տխուր տեսարանը: Շրջապարսպի ամբողջ տարածությունը ներկայացնում էր մարդկային մարմինների մի անտառ, ուր անշարժ կանգնած էին հազարավոր կմախքներ և դեռ չլուծված դիակներ, մերկ՝ որպես ճշմարտության արձանը:

Ինձ երևաց, թե դա մի դյութական աշխարհ է, որ երևան հանեց իմ աչքերի առջև կախարդ-մոզը: Եվ ես տեսնում էի այն ուրվականների գնդերը, որոնց մասին ինձ պատմել էին շատ և շատ զարմանալիք:

Բայց իմ տեսածը իսկություն էր: Ես պարզ նշմարում էի կմախքները, մինը մյուսի մոտ շարված, և ինձանից այնքան հեռու չէին կանգնած բազմաթիվ մերկ մարմինները, որոնց գլխի վրա կատաղի կռնչյունով պտույտ էին գալիս գիշակեր թռչունները: Նրանք իջնում էին մերկ մարմինների վրա, իրանց սուր կտուցով և մագիլներով մի բան կեղեքում էին այնտեղից և կրկին բարձրանում օդի մեջ, իրանց հետ տանելով հափշտակած ավարը...:

Մոզը պշուցած աչքերով նայում էր այս ոչ այնքան զվարճալի տեսարանի վրա. նրա շրթունքները շարժվում էին, երևում էր, որ նա աղոթում էր:

Ես նկատեցի՝ թե՛ կմախքների և թե դեռ չլուծված դիակների բոլորի երեսները ևս դարձուցած էին դեպի արևելք: Բայց ի՞նչն էր, որ այնպես կանգուն պահում էր մեռած մարմինները բաց օդի մեջ: Այս գաղտնիքը հասկանալի եղավ միայն այն ժամանակ, երբ ես տեսա, որ յուրաքանչյուր կմախքի և դիակի երկու թևերի տակ ամրացած էին փայտյա նեցուկներ, որոնք այնպես հարմարեցրած էին, որ ոչ միայն իրանց մեջտեղում կանգնած մարմինները պահում էին բոլորովին ուղղակի կերպով, այլև նրանց ոտները չէին դիպչում գետնին:

— Այդ ի՞նչ է, — դարձա ես դեպի մոգը, որ երևում էր, թե դեռ չէր վերջացրել յուր աղոթքը:

— Բիբի-Շարաբանի, — կրկնեց նա առաջին խոսքը, դարձյալ թողնելով ինձ անհասկացողության մեջ:

Երբ ասացի, թե չեմ հասկանում նրա խոսքը, նա բացատրեց զենդական բառի իմաստը, ասելով.

— «Հասարակաց կայարան» է դա:

— Կնշանակե հանգստարան կամ գերեզմանատո՞ւն է:

— Այո՛, այդպես:

— Մի՞թե դուք սովորություն չունիք թաղել ձեր մեռելները: Մոգը մի զարմացական հայացք ձգեց իմ երեսին, որպես թե լսում էր մի հիմար խոսք, և պատասխանեց ասելով.

— Ինչպե՞ս թաղել, բարի երիտասարդ, ինչպե՞ս պղծել սուրբ հողը մեռելոտի մարմիններով:

— Բայց այդպիսով դուք պղծում եք օդը, որ ավելի վտանգավոր է, որի ապականությունից կարող են վարակվել կենդանի մարդիկ:

Իմ պատասխանը վիրավորական էր: Մոգը պատասխանեց փոքր-ինչ զայրացում ցուցանելով իմ խոսքերի դեմ:

— Տեսնո՞ւմ ես սրբազան Միհրը, — նա ցույց տվեց արեգակը, նրա աստվածային ճառագայթների ներքո ամեն ապականություն մաքրվում է, սրբագործվում, և անշնչությունից վերափոխվում է դեպի կենդանի մարմին: Նա է գետնից ծլեցնում, ծաղկեցնում և պտղաբեր առնում փտած և ապականված հունդը (սերմը): Նա և այդ բյուրավոր կմախքներին, որ կանգնած են նրա «սրբազնության սեղանի» վրա, կմաքրե, շունչ և մարմին կտա: Նա է աղբյուրը բարության, լույսի և կենդանության.

— Եվ դուք ա՞յդ նպատակով եք կանգնեցրել այդ դիակները նրա ճառագայթների տակ:

— Այդ հրամայում է մեզ առնել Որմիզդի սրբազան օրենքը: — Թո՛ղ հեռու լինին քեզանից Արիմնի նենգությունները, բարի երիտասարդ, թո՛ղ երկբայությունը չմոլորեցնե քեզ հավատալ սուրբ խոսքին:

Վիճել զրադաշտական կրոնավորի նախապաշարմունքների դեմ, ինձ չէր հասցնելու մի օգտավետ հետևանքի: Ես ցանկացա ավելի մանրամասն տեղեկություն ստանալ նրանից այն հանգստարանի վերաբերյալ, իրանց կրոնական ծեսերի մասին: Նա պատմեց, ինձ շատ բան: Նա ասաց, թե յուրաքանչյուր հանգուցյալ մարմին, — որ այնպես հեցյալ է երկու սյուների վրա, լավ ևս է ասել, քարշ է ընկած երկու փայտյա նեցուկներից, — պետք է այնքան ժամանակ մնա, մինչև նրա մարմնի մսերը թռչունների կերակուր դառնալուց հետո, մնացյալ ոսկերոտիքը քայքայվին և վայր թափվին այն խորի մեջ, որ ամեն մեկի տակ փորած է: Եվ ավելացրուց, թե հանգստարանին հսկող մոգը, ամեն մեկ մարմնի լուծելու եղանակից կգուշակե նրա ապագան Որմիզդի դրախտի մեջ: Այս խոսքերից հետո նա պատմեց ինձ յուր մի քանի դիտողությունները, որ արած էր մարմինների մասին:

— Ահա՛ այն դիակը, որ կանգնեցրած է մեզանից տասը քայլ հեռու, — առաջ տարավ նա, — դու տեսնում ես, թե որպե՛ս վայրենի չախկալը, յուր հետևի թաթերի վրա կանգնած, վեր է բարձրացրել գլուխը և անհագ ախորժակով կրծոտում է հանգուցյալի աջ ձեռքը: Դա հանգստարանիս նոր մարմիններից մեկն է: Այն ձեռքը, որ այժմ չախկալին կերակուր է դառնում, շաղախված է մի անմեղի արյունով...: Դու տեսնում ես նրանից ոչ այնքան հեռու մի այլ մարմին, որի ձախ ուսի վրա նստած է ահագին սև ագռավը և յուր կտուցով դուրս է փորում հանգուցյալի աչքերը: Նույն աչքերը երբեք չէին կշտանում այն բաներից, ինչ որ վատ էր: Նոքա ման էին ածում թշվառին այն ճանապարհի վրա, որ ուղղում է յուր մոլորյալների առջև խավարային Ահրիմանը...: Ահա՛ այն կմախքը, որի գագաթի վրա նստած է զզվելի բուն և անդադար կտցահարում է կաշուց զրկված սկավառակը, նույն գլխի մեջ երբեք մուտք չէ ունեցել ճշմարտության խոսքը...: Դու տեսնում ես և մի մարմին, որի ոտքերի տակ պտտվում է վայրենի կատուն, դա մի նշանավոր ավազակի դիակն է, և այժմ ավազակ գազանն ուտում է այն ոտքերը, որոնք միշտ դուրս են դրված եղել ուղղության շավղից...:

Այսպես շատ գուշակություններ արավ մոգը, յուրաքանչյուր մարմնի անցյալ կյանքը համեմատելով նրա ներկա դրության հետ, և ներկայից եզրակացություններ անելով նրա ապագայի մասին: Նա խոսեց և մի քանի արդարների համար, հայտնելով, թե ի՛նչ նշաններից գիտե նրանց անմեղությունը: Բայց երբ նրա աչքերը հանդիպեցան մի կմախքի, որի ճերմակ ոսկորների վրա այնպես գեղեցիկ կերպով խաղ էին անում արեգակի ճառագայթները, նա այլևս չկարողացավ խոսել, և ես նկատեցի, թե որպես ծերունու շիջած աչքերը լցվեցան արտասուքով, և նա շարժեց գլուխը, նշան անելով, որ ցած իջնենք:

Բայց ի՞նչ էր, որ այնպես դառն կերպով վրդովեց ողորմելու սիրտը, ինչո՞ւ նա ինձ մի խոսք անգամ չասաց այն մարմնի մասին, որ եղավ նրա արտասուքի առարկան:

Իջնելով պարսպից ցած, մենք նստեցինք նրա խրճիթի դռանը: Արևը դեռ նոր էր թեքվում դեպի յուր գիշերային մուտը, անապատի ջերմությունը փոքր-ինչ մեղմացել էր: Բայց ես չէի կարողանում հանգստացնել իմ հետաքրքրությունը, քանի նկատում էի ծերունու դեռևս տխուր և մելամաղձական դեմքը:

Իմ երկար թախանձելուց հետո ծերունին հաճեցավ պատմեի թե ի՛նչ էր նրա ակամա դառնության պատճառը, որ առաջ եկավ այն կմախքի վրա նայելուց: Ես թույլտվություն խնդրեցի ծխել և սկսա լսել նրան:

Նա այսպես սկսավ յուր պատմությունը.

— Երկու տասն ձմեռների հալվել էին ձյուները, երկու տասն գարուններ գեղազարդել էին Զաբի անապատը, մինչ ես լցուցանում էի իմ մտավոր ծարավը իմաստնագույնն իմաստուններից՝ Իբն-Ֆերհատի սպասում: Նրան կոչում էին «Աղբյուր գիտության»: Որպես մեղր և կաթ բխում էր աստվածային մարդու շրթունքից սուրբ խոսքը: Նրան հայտնի էր ամենածածուկ իմաստը սրբազան տառի, և նա գիտեր ամենախորին գաղտնիքը, ինչ որ գրած է մարդու որդիների երիկամունքի մեջ...:

Բայց ավելի քնքուշ, քան Շիրազի շուշանը, և ավելի գեղեցիկ, քան Ռեշթի վարդը, էր բարի Ղամարը, մի նազելի օրիորդ, որի դեռ նոր ողջախոհական ստինքը բոլորվել էին անմեղ կրծքի վրա: — Դա վարպետիս աղջիկն էր:

Վարպետիս տունը բովանդակում էր յուր մեջ մի ամբողջ դրախտ, ուր աստծո օրհնության հետ թագավորում էին խաղաղությունն ու գոհությունը: Բայց չկա մի վարդ առանց փշի, և շատ անգամ գեղեցիկ, լուսապայծառ ցերեկի մեջ տիրում է մառախլապատ մրրիկը յուր զարհուրանքով...:

Նույնը պատահեց և վարպետիս ընտանիքի հետ:

Այն մեծահանդես տոներից մեկի օրը, երբ սուրբ քաղաքի ուղղափառները ծաղիկներով են հանդիպում Նով-րուզը, մանկահասակ կույսերի խումբը հավաքվել էր մի բլրի վրա, ուր նրանք այն տոնին սովորություն ունեին իրանց խաղերով զվարճանալ: Նույն միջոցին անցնում է բլրի մոտից քաղաքի սերդարը, որ որսորդությունից էր վերադառնում: Նրա աչքն ընկնում է աղջիկների խմբի վրա և գեղեցիկ Ղամարի դեմքը հափշտակում է նրան:

Մի քանի օրից հետո սերդարի ապարանքից պատգամավոր եկավ վարպետիս մոտ և հայտնեց, թե նորին պայծառափայլության սիրտը գրավել է Ղամարի գեղեցկությունը, և ցանկանում է նրան յուր կին ունենալ:

Կայծակի հարվածն այնքան զարհուրելի չէր կարող լինել, որով Որմիզդը հալածում է Աhրիմանի դևերին, քան այս խոսքը, որ լսեց վարպետս սերդարի պատգամավորի բերանից, նա սկզբում բոլորովին շփոթվեցավ, հետո Աստծո զորությունից մի փոքր ոգի առնելով, պատասխանեց, — թե ինքը չէ կարող յուր զավակը կնության տալ մի մարդու, որ չէ պաշտում Որմիզդի կրոնքը: Այս պատասխանը պատգամավորը դարձնում է սերդարին և չարանենգ սիրտը լցնում է վրեժխնդրության թույնով:

Վրեժխնդրությունը չուշացավ: Մի քանի օրից հետո սրբազան քաղաքը լցվեցավ արյունով և արտասուքով...:

Մահմեդականների ձեռքում միշտ հեշտ է եղել խեղճ Գաբրների հալածանքը, նրանք իրանց ժողովուրդը մեր դեմ գրգռելու մեջ խիստ վարպետ են: Մեր մասին մի քանի սուտ լուրեր, որ դիպչում էին նրանց կրոնական զգացմունքին, տարածելը բավական էր վառելու ամբոխը կատաղի վրեժախնդրությամբ:

Նույնը եղավ և այն ժամանակ:

Քաղաքի մեջ տարածվեցավ մի բոթաբեր լուր, թե Գաբրները թշնամությամբ պղծել են մահմեդականներին պատկանող մի մատուռ, որ չափազանց գրաված էր նրանց հավատքը և դարձել էր հասարակաց ուխտատեղի: Նրանք ամբաստանեցին Գաբրներին մի բոլորովին հնարած զրպարտությամբ, իբր թե Գաբրները նույն մատուռի մեջ գիշերով գցել են մի սատկած շուն:

Որքան և սուտ լիներ այդ զրպարտությունը, դարձյալ բավական էր վառելու մահմեդականների կատաղությունը: Նրանք այդպիսի դեպքերում ստություն և ճշտություն չեն որոնում, մանավանդ, երբ թելադրողը ինքը սերդարն էր՝ մի քանի գլխավոր մոլլաների հետ:

Գիշեր էր. այն մթին գիշերներից մինը, որ Աhրիմանը պատրաստում է յուր սևագունդ պաշտոնյաների համար...: Մի քանի րոպեում Գաբրների թաղերը լցվեցան մահմեդականների կատաղի ամբոխով: Կրակն ու սուրը սկսան անխնա կոտորել «սուրբ ժողովրդի» անմեղ որդոց...:

Նույն սարսափելի ժամուն իմ միտքն եկավ Ղամարը: Ես սկսեցի ցնորվածի նման վազել դեպի վարպետիս տունը: Գիշերվա խավարը պատել էր աշխարհը, բայց հրդեհների կրա՛կը լուսավորում էր քաղաքը, որպես ցերեկ: Չգիտեմ ի՛նչ աստվածային զորություն էր այն, որ ինձ առանց վտանգի հասցրուց վարպետիս տուն, որ նույն ժամուն վառվում էր բոցերի մեջ: Իմ աչքին դիպավ վարպետիս մարմինը, որ արյան մեջ շաղախված ընկած էր յուր հրդեհված տանից ոչ այնքան հեռու: Բայց ես չդարձա դեպի նա, որովհետև որոնում էի Ղամարին...:

Իմ ականջներին զարկում էին հափշտակված կույսերի և կանանց դառն աղաղակները, բայց նրանցից ոչ մինը Ղամարի ձայնը չէր:

Ես գտա նրան մի ֆերրաշի ձեռքում, որ քաշ էր տալիս թուլացած և ուշակորույս եղած օրիորդին դեպի սերդարի ապարանքը: Խենջարիս մի զարկ բավական եղավ ցած գլորել անզգամին, և ես հափշտակեցի նրա ձեռքից թանկագին ավարը...:

Ես մինչև այսօր երևակայել չեմ կարող, թե որպես հաջողվեցավ ինձ ազատել նրան: Միայն մտաբերում եմ այսքանը, որ ուշի եկա այն ժամանակ, երբ նկատեցի, թե գտնվում եմ քաղաքից մի քանի փարսախ հեռու մի դաշտի մեջ, ուր արևը դեռ նոր էր սկսել արձակել յուր առաջին ճառագայթները: Ես այն ժամանակ զգացի, թե մի քանի տեղից վիրավորված եմ, և՛ րբ, կամ ո՛ւմ հետ կռվելու ժամանակ ստացա վերքերը, մտաբերել անգամ չկարողացա: Ես կամենում էի փաթաթել վերքերս, բայց երբ նկատեցի, որ Ղամարը տակավին անզգայության մեջ էր, սկսեցի հոգ տանել նրան ուշի բերելու:

Երկա՛ր է, բարի երիտասարդ, երկա՛ր է պատմությունը և խստտ դժվա՛ր միանգամից բոլորը հաղորդել քեզ, թեև իմ ալևոր գլխի մեջ ամենը պահված են, և մոռացությունը ոչինչ չէ ջնջել այն տխո՛ւր հիշողություններից...: Երևակայեցե՛ք միայն ողորմելի փախստականի վիճակը, որ ամբողջ ամիսներով պետք է անցներ ամայի անապատների միջով, միշտ խույս տալով մարդկային բնակությունից, և դա ուղեկից ուներ մի թույլ և տկարամարմին օրիորդ, բոլորովին մաշած անոթությունից և ճանապարհի դժանությունից... :

Պիղծ համարված Գաբրն ամեն տեղ հալածված է, ամեն մահմեդական խորշում և խուսում է նրանից. մենք մինչև անգամ պոկված էինք անապատի հովիվների հյուրասիրությունից, որոնց սեղանը բաց է ամեն ճանապարհորդի առջև: Լույս ցերեկով մենք թաքչում էինք մացառների մեջ, իսկ գիշերով շարունակում էինք մեր ուղին: Մեր կերակուրն էր անապատի մանանան, իսկ երբեմն պատսպարան և ողորմություն էինք գտնում բարի Արմենիների և Դավուդիների մոտ, դրանք չեն հալածում Գաբրին....:

Այսպես մենք անցանք Իսպահան, Ղում և Քաշան քաղաքները: Ճանապարհին մենք գրաստ չունեինք, այդ մի ավելորդ ծանրություն է փախստականի համար, որ միշտ ստիպված է թաքչիլ: Սկզբում օրիորդը տոկուն էր և առանց դժվարության հետևում էր ինձ. բայց փոքր առ փոքր նրա ուժերն սկսան թուլանալ. այնուհետև ես ստիպված էի թանկագին բեռը կրել իմ շալակին...: Այդ ավելի անտանելի էր նրան, և ես ստեպ լսում էի նրանից այսպիսի խոսքեր. «Ա՜խ, ե՞րբ աստվածները պետք է առնեն իմ հոգին, որ դադարեմ քեզ անհանգիստ անելուցս...:

Մենք դիմում էինք դեպի Թեհրան այն մտքով, որ շահի ոտքերի փոշին համբուրենք և նրանից շնորհ և արդարադատություն խնդրենք սերդարի բարբարոսության դեմ: Բայց թշվառ օրիորդի տկարությունը հետզհետե սաստկանում էր, վերջապես նրա մեջ հայտնվեցավ խիստ զորեղ տագցոց: Ես գործ դրի իմ բոլոր բժշկական միջոցները, ինչ որ ուսած էի գրքերից, բայց ոչինչ չօգնեց, խղճալու կենսական ուժերը սպառվել էին...:

Մինչև Թեհրան մնացել էր մի քանի օրվա ճանապարհ միայն, մենք իջևանել էինք մի գյուղի մոտ, ցորենի արտերի մեջ: Գիշեր էր: Լուսինը հեզությամբ սահում էր կապույտ երկնքի վրայով. բոլոր աշխարհին տիրել էր մի մեռելային լռություն: Օրիորդը՝ յուր գլուխը դրած իմ ծնկների վրա տանջվում էր դառն խռովության մեջ: Ես տխրությամբ նայում էի նրա վրա. հանկարծ նա յուր լի երախտագիտությամբ աչքերն ուղղեց դեպի ինձ և արտասանեց այս խոսքերը. «Ես մեռնում եմ, Հազկերտ, աղոթի՛ր ինձ համար»...:

Դա եղավ նրա վերջին խոսքը...:

Ես սրբությամբ կատարեցի նրա վերջին խոսքը, բարի երիտասարդ, ահա՝ կես դար է անցնում այն օրից, որ ես աղոթում եմ նրա շիրիմի մոտ, գիշեր և ցերեկ աղոթում եմ, թեև նա արդար էր, որպես արևի ճառագայթը, թեև նա անբիծ էր, որպես նրա լույսը. — բայց նա սիրում էր ինձ...:

ԽԱՉ-ՓՈՒՇ

(Մի նկարագիր պարսկական թշվառների կյանքից)

Ա

Ցուրտ է:

Այս առավոտ արեգակը դողդողալով, երկչոտ կերպով դուրս նայեց հորիզոնից և կրկին անհայտացավ: Նրա գունաթափ դեմքը այնքան շփոթված էր, այնքան ողորմելի էր, որ մարդ խղճում էր նրա վրա նայելիս:

Նա էլ մրսում էր:

Երկինքը մառախլապատ է: Ձյուն չկա: Բայց օդի մեջ սառցային փոշին, արծաթյա թեփուկների նման, լողում է, շողշողում է միլիոնավոր մանր աստղիկներով: Այդ աստղիկները, ինչպես բյուրեղի սուր փշրանք, կտրատում են, այրում են մարդու աչքը, երեսը, ձեռքերը և մարմնի բոլոր բաց տեղերը: Անկարելի է շունչ առնել: Շունչը սառչում է շրթունքների վրա: Անկարելի է աչք բաց անել: Թերթերունքները սառած, ամուր կպած են միմյանց հետ: Փչում է դառնաշունչ քամին և ամեն ինչ քարացնում է:

Անհիշելի ժամանակներից Թեհրանը մի այդպիսի ցուրտ առավոտ չէր տեսել:

Փողոցներում գետինը երկաթի նման սառել, ամրացել և ճաքճքել էր: Սառել էր և ջուրը, որ անցնում էր ստորերկրյա խողովակներով: Սառել էին և լճակները, որ շինված էին սառցատների մոտ: Սառել էին և ծառերը իրանց եղյամապատ ճյուղերով: — Ամբողջ քաղաքը ներկայացնում էր մի անշարժ, սառցային զանգված:

Չնայելով, որ օրից բավական անցել էր, բայց փողոցներում դեռ ոչ ոք չէր երևում: Բոլոր դռները փակ էին: Չէին երևում և թռչունները: Միայն սովատանջ ագռավը, չկարողանալով երկար համբերել, դուրս նետվեցավ յուր պատսպարանից, գնաց մի որևէ հարակ որսնելու: Նա անցավ եղյամով արծաթազրած կտուրների վրայով, նայեք լուսամուտների սառցային նկարներին, անցավ ամայի փողոցներով, նայեց յուր ծանոթ աղբանոցներին և, մի տեղ մի ինչ-որ անորոշ կույտ տեսնելով, ուրախությունից մի քանի պտույտներ գործեց օդի մեջ, և ապա վերնից սլացավ կույտի վրա: Սկսեց շտապով կտցահարել և մագիլներով քրքրել: Բայց կույտը քարի նման սառել, կպել էր փողոցի հատակին: Երեկ, երբ այստեղից անցավ ջրիների քարավանը, դեռ փափուկ ու թարմ էր այդ կույտը: Բայց այսօր սոված թռչունը նրա ամրության միջից մի գարու հատիկ անգամ դուրս փորել չկարողացավ: Նա տհաճությամբ թողեց կույտը և կրկին նետվեց սառցային տարածության մեջ:

Միևնույն նպատակով յուր պատսպարանից այս առավոտ դուրս էր եկել մի այլ սովատանջ արարած: Բայց դա ավելի բախտավոր գտնվեցավ, քան թե ագռավը:

Դատարկ փողոցով միայնակ գնում էր նա: Մերթ փութացնում էր քայլերը և վազ էր տալիս, մերթ կանգ էր առնում, մտածում էր, և ապա շարունակում էր գնալ դանդաղ, անհավասար քայլերով: Կարծես բնավ ցուրտ չէր զգում, թեև բոլորովին մերկ էր: Նրա հագուստը բաղկացած էր երկու կտորից միայն: Դրանք երկու կտավյա ղենջակներ (փութայ) էին, որոնցից մեկը կապել էր մեջքին, սքողում էր նրա մերկությունը և իջնում էր մինչև ծնկները, իսկ մյուսը անփույթ կերպով ձգած ուներ ձախ ուսի վրա, ծածկում էր կուրծքի ու թիկունքի մի մասը: Մարմնի մնացած մասերը մնացել էին բաց: Բաց էր գլուխը, որ պատած էր թաղիքի նման թանձրացած մազերով, բաց էին և բոբիկ ոտները, ճաքճքած կրունկներով: Վաղորդյան դաժան ցուրտը կարծես վախենում էր շոշափել այդ թշվառ մերկությունը, որ ներկայացնում էր մի մռայլ, անճոռնի այլանդակություն: Մրոտած դեմքը, մոխրապատ մարմինը, մշտական կեղտի հաստ խավը ավելի սարսափելի էին դարձնում այդ տարօրինակ այլանդակությունը:

Շրջակայքի ամբողջ դատարկության մեջ տիրում էր սպանիչ, անապատական տխրություն: Բայց նա ուրախ էր: Գնում էր սուլելով և երբեմն խուլ կերպով եղանակում էր երգի նման մի բան: Նրա ձայնը, փողոցների խորին ամայության մեջ, լսվում էր որպես ծայրահեղ թշվառության մի դառն մրմունջ, որ դուրս էր հնչվում խորտակված, վաստակաբեկ կուրծքից...:

Այդ մարդը «Խազ-փուշ» էր:

Մարդիկ նրա մերկությունը ծաղրելու համար «Խազ-փուշ»

կոչեցին: Բայց նա մարդկանց պճնասիրությունը ծաղրելու համար շրջում էր բոլորովին մերկ մարմնով:

Նա անցավ բազարի ընդարձակ հրապարակը և մտավ ծածկված շուկաներից մեկի մեջ: Կրպակները դեռ բացված չէին: Գիշերապահ հասսաները, մուշտակները գլխների վրա ծածկած, դեռ կուչ էին եկած խանութների թումբերի վրա և, կռացած, իրանց սառած ձեռքերը բռնել էին շիկացած մանղալի վրա: Բայց կրակն անգամ սառել էր, ջերմություն չէր ազդում:

Մտնելով շուկան, նա ավելի առաջ չգնաց: Մուտքի մոտ, վաղառավոտյան, արդեն յուր կրպակը բաց էր արել նրա ցանկալին: Այսինքն, մերկ գետնի վրա նստած էր մի կեղտոտ մարդ և յուր մոտ դրած ուներ մի խեցեղեն աման, որի բերանը ծածկած էր մի ավելի կեղտոտ կտավի կտորով: Ջերմ գոլորշին բարձրանում էր ամանի բերանից և լցնում էր օդը ախորժալի հոտով:

Շաքարից ավելի քաղցր է,
Մեղրից ավելի համով,
Ըշտապեցեք, աղքատնե՛ր,
Պրծնելու վրա է:

Այսպես գովաբանում էր նա յուր վաճառքի հատկությունները և բարձր ձայնով գնողներ էր հրավիրում:

Մեր մոլաշրջիկը մոտեցավ նրան, հպարտ կերպով ասելով.

— «Խազ-փուշի» բաժինը հանեցե՛ք...:

Ծախողը տակից երկչոտ կերպով նայեց նրա վրա, հետո դողդոջուն ձեռքը տարավ դեպի ամանի բերանը, վեր բարձրացրեց նրա վրա ձգած կտավը, և դուրս բերեց նրա միջից մի քանի մուգվարդագույն գնդակներ, մեծ ու փոքր դիրքով: Դրանք ուրիշ ոչինչ չէին, եթե ոչ խորոված ճակնդեղի կոշտեր, որ աղքատների առավոտյան ամենասիրելի տաք կերակուրն է, մանավանդ ձմեռային օրերում:

«Խազ-փուշը» ցած բերեց ուսի վրա ձգած ղենջակը, ստացած նվերը փաթաթեց նրա մեջ և, առանց շնորհակալություն հայտնելու, շտապով հեռացավ:

Ճանապարհին հանդիպեց նրան մի այլ «Խազ-փուշ»: Այդ երկրորդը ավելի ծանր էր, քան առաջինը և ավելի լավ էր հագնված, քան առաջինը: Կտավյա երկար շապիկի վրա, որ նրա միակ ներքին հագուստն էր և մեջքից պնդած էր թոկով, ձգած ուներ նա մի նույնպես երկար վերարկու, որ իջնում էր ծնկներից բավական ցած: Եթե հարկավոր լիներ աշխարհի բոլոր հնոտիների նմուշներն ունենալ, անտարակույս, կարելի էր գտնել այդ վերարկուի թանձր բաղադրության մեջ: Դա ցնցոտիների մի հարուստ հավաքածու էր, որ նրա ուսերի վրա վերարկուի պաշտոն էր կատարում: Եվ այդ բազմամասնյա հավաքածուն կազմվել էր տարիների, շա՛տ տարիների ընթացքում: Նրա դերձակը եղել էր ինքը ժամանակը: Բախտի բերմունքների համեմատ, երբ պատահել էր նրա կրողին փողոցներում և աղբանոցներում մի շորի կամ փալասի պատառ գտնել, նա խնամքով վեր էր առել և կարկատել էր յուր վերարկուի վրա: Այնտեղ ամեն տեսակ կտոր կար: Նյութերի և գործվածների մեջ խտրություն չէր գրված: Այնտեղ կպցրած կային և՛ հին գուլպաների, և՛ հին գլխարկների կտորտանքներ, այնտեղ կպցրած կային և կոշիկների երեսներ, իսկ նրանց կարգում մի գեղեցիկ կտոր քիշմիրյան ընտիր շալից: Բավական էր մի թել քաշել, և ահա ցնցոտիների մի ամբողջ շարք փուլ կգար և, քայքայվելով ու լուծվելով, կթափվեր ցած: Այդ մարդը յուր վերարկուով, կարծես հանդիմանում էր հասարակությանը: Նա միանգամից կրում էր յուր վրա այն բոլորը, ինչ որ մարդիկ առանձին մասերով էին հագնում:

Նշանավոր էին նրա հողաթափները, որ կրում էր մերկ ոտներով: Նրանց դրությունը շատ չէր տարբերվում վերարկուի վիճակից: Զանազանությունը նրանում էր միայն, որ հողաթափների կազմվածքի մեջ մտել էր մեծ քանակությամբ երկաթ, որից, դժբախտաբար, զուրկ էր վերարկուն: Յուր կյանքում այդ թշվառականը, փողոցներում կամ ճանապարհների վրա, որքան մեխի կտորներ էր գտել, բոլորը գամել էր յուր հողաթափների տակին: Վերջին ժամանակներում նրան հաջողվեցավ գտնել մի հատ էշի նալ (պայտ) — այն ևս գամեց առաջինների շարքում: Բայց դեռևս երկյուղ ուներ, արդյոք այդ զրահավորված հողաթափները կտանեի՞ն նրան մինչև յուր կյանքի վերջը: Կարելի էր ամենայն վստահությամբ երաշխավոր լինել, որ կտանեին: Որովհետև, ինչ չափով որ մաշվում էին, նրա հնգապատիկ և տասնապատիկ չափով միշտ նոր նյութեր էին ավելանում նրանց վրա: Սոսկալի էր նրանց ծանրությունը: Բայց ծերունու ոտները այն աստիճան սովորած էին, որ նա ոչ բազում դժվարությամբ քարշ էր տալիս նրանց յուր հետ — յուր ամբողջ կյանքում քարշ էր տալիս այդ հողաթափները, որպես մի ծանր, տաժանական պատիժ...:

Երբ երկու «Խազ-փուշ»-ները հանդիպեցին միմյանց, առաջինը ողջունեց, հարցնելով.

— Խաղաղություն քեզ, Ահմադ հայրիկ, ի՞նչ կա, որ այդպես վաղ դուրս ես եկել:

— Ցո՛ւրտ է, այս առավոտ շատ ցո՛ւրտ է, — տրտնջալով պատասխանեց ծերունին:

— Կարողացա՞ր մի բան գտնել:

— Ոչինչ բան... Ինչպես աշխարհը պաղել և սառուց է դարձել, այնպես սառել է և մարդկանց սրտերը...

Երիտասարդ «Խազ-փուշը» բաց արեց իր դենջակը և մի քանի րոպե առաջ ստացած ճակնդեղի պատառները եղբայրաբար բաժանեց ծերունու հետ, ասելով.

— Տա՛ր, այսօր այդ քեզ բավական կլինի, իսկ էգուց — աստված ողորմած է:

Նա ընդունեց, և օրհնելով բաժանվեցան:

Բ

Մեչիտից հետո բաղանիքը մահմեդական աշխարհի այն կարևոր հիմնարկություններից մեկն է, որ լցուցանում է բարեպաշտ մուսուլմանի թե հոգևոր և թե մարմնավոր պետքերը: Այստեղ են կատարվում լվացման ծեսերը, այստեղ են ներկվում կրոնասեր հոգիների նվիրական մորուքները, և ձեռների ու ոտների եղունգները սրբարար հինայով:

Որպես մեչիտը յուր հովանավորության ներքո պատսպարում է աղքատների և անտուն, անտեր նժդեհների մի բազմություն — նույն բարերարությունը կատարում է և բաղանիքը:

Ներկայացնենք Թեհրանի բազմաթիվ բաղանիքներից մեկը:

Մեզ համար հետաքրքիր է այն մասը, որտեղից տաքացնում են բաղանիքը: Դա հետևի կողմի մեծ բակն է, ուր ամբարված են բոլոր վառելի նյութերը: Փայտի պակասության պատճառով, վառում են, ըստ մեծի մասին, մանրած հարդ և անասունների աղբ: Դանտեի և այլ դասական բանաստեղծների նկարագրած դժոխքը շատ փոքր նմանություն ունի պարսից բաղանիքի այն ստորերկրյա հրամբարի հետ, որ, շատ հատկանիշ անունով, կոչվում է «ջիաննամ», որ նշանակում է գեհեն կամ դժոխք: Մի մթին մուտք, ծուխից և մուխից սևացած պատերով, տանում է դեպի այդ դժոխքը: Այստեղ անշիջանելի կերպով վառվում է կրակը և յուր ջերմությունը տարածում է դեպի բարձր, ընդարձակ կամարները, որոնց վրա դրված են ջրով լի ահագին կաթսաներ, որոնք բոլորակ ավազանների ձև ունին: Դժոխքից կաթսաների մրոտած տակերն են միայն երևում, իսկ նրանց լայն բերանները բացվում են վերևի հարկում, որտեղ բուն բաղանիքն է, այսինքն՝ լվացման տեղը:

Այդ դժոխքը նույնպես ունի յուր դատապարտյալները, այդ դժոխքում ևս տանջվում են մարդիկ, եթե ոչ կրակի բոցերի մեջ, բայց, նրա փոխարեն, կրակից առաջացած մոխրի կույտերի մեջ: Մշտավառ կրակի մոխիրը, բլուրների նման դիզված, բավական ընդարձակ տեղ է բռնում, որ կոչվում է «քուլամբար», այդ մոխրի ամբարանոցում թավալվում է թշվառների մի ստվար բազմություն: Այստեղ, տաք մոխրի կույտերի միջից, երևում են զանազան գլուխներ մեծ և փոքր, տղաների և աղջիկների, արանց և կանանց: Նայելով այդ ողորմելիների մրոտած երեսներին, այնպես է թվում, որ քրեական պատժապարտներ լինեին կենդանի թաղված գետնի մեջ:

Ովքե՞ր են դրանք:

Դրանք քաղաքի այն անտերունչ, կիսամերկ երեխաներն են, որոնց հայրն ու մայրը հայտնի չէ, որոնք ցերեկով թափառում են փողոցներում, մուրացկանություն են անում, իսկ գիշերը պառկելու տեղ չունին: Դրանք քաղաքի այն անգործ այր և կանայքն են, որ կամ աշխատության անընդունակ են, կամ աշխատություն չեն գտնում, և ապրում են միայն ողորմությունով: Կյանքի այդ դժբախտ զավակները տարվա տաք եղանակներում ավելի երջանիկ են: Բաց օդի մեջ, երկնքի պարզ կամարի տակ, նրանց համար ամենուրեք տեղ և օթևան կա: Որտեղ մթնում է, այնտեղ էլ պառկում են, թե փողոց լիներ դա և թե քաղաքից դուրս մի անբնակ անապատ: Իսկ ձմե՞ռը: Որտե՞ղ պատսպարվին ձմեռվա ցրտից և սառնամանիքից: Այդ ժամանակ նրանց միակ ապաստարանը լինում է բաղանիքների «դժոխքը»: Տաք մոխիրը նրանց համար փափուկ անկողին է դառնում, մերկ մարմնով թաղվում են նրա մեջ և այնպես պառկում են:

Որքա՜ն այդպիսի թշվառներ կան Պարսկաստանի մայրաքաղաքում, որոնք գիշերը իրանց գլուխը դնելու տեղ չունին: Դրանց թվումն են և «Խազ-փուշ»-ները, դրանց թվումն են և քաղաքի անտեր շները:

Շների հասարակությունը և «Խազ-փուշ»-ների հասարակությունը շատ չէ տարբերվում միմյանցից, շատ նման է միմյանց: Շները բախտավոր են նրանով միայն, որ բնական մուշտակ ունին, որ ինքնիրան նորոգվում է, իսկ «Խազ-փուշ»-ը պետք է իր մերկությունը ծածկելու համար ցնցոտիներ որոնե:

Շները նույնպես «Խազ-փուշ»-ների նման ցերեկով անարգել թափառում են փողոցներում, սպանդանոցներում, պտտում են մսավաճառների շուրջը, երբեմն մսի կամ ոսկորի կտոր են գտնում ու երբեմն բարեպաշտ հաջին գնում է մի քանի «սանգակ» և յուր ձեռքով բրդում է նրանց առջև: Դրանք ավելի ազատություն են վայելում, քան մյուս թշվառները: Ոստիկանությունը չէ հալածում դրանց և ոչ ոք անցագիր չէ պահանջում: Պարսկաստանում շունը միակ արարածն է, որ կրոնքով թեև պիղծ է համարվում, բայց նրան սպանելը — մեղք: Իսկ «Խազ-փուշ»-ներին սպանելու համար մի ծանր պատասխանատվություն չկա:

Շները նույնպես տարվա տաք ամիսներում օթևանի հոգ չեն անում, պառկում են փողոցներում, աղբանոցներում և հաճախ շուկաների կտուրների վրա, որտեղ օգնում են գիշերապահ «հասասներին» խանութներին հսկելու: Բայց ձմեռվա ցրտերը այդ թշվառներին ևս քշում են դեպի բաղանիքների «դժոխքը»: Այստեղ նրանք ացնում են ոչ թե մոխրի տաք ամբարանոցները, այլ բռնում են մի առանձին բաժին, որտեղ պահվում են վառելիքները: Ահա՜ անասունների բոլորովին թարմ աղբի կույտերը, որոնք դիզվելով և ամբարվելով միմյանց վրա, սկսում են խմորվիլ, սկսում են առանց կրակի տաքանալ և այրվիլ: Ձմեռը, այդ կույտերի ջերմության մեջ, կիսով չափ թաղված, բնակվում են շները: Դրանք շատ հաշտ են ապրում իրանց դրացի մյուս թշվառների հետ: Վառելու աղբը գրավում են իրանք, իսկ այդ աղբից գոյացած մոխիրը թողնում են նրանց բնակության համար:

Հայտնվեցավ երիտասարդ «Խազ-փուշ»-ը, որին առավոտյան տեսանք: Նրան կոչում էին Ջաֆար: «Խազ-փուշ»-ների հասարակության մեջ բավական հեղինակություն էր վայելում Ջաֆարը: Թե ինչո՞վ էր ստացել այդ հեղինակությունը — դժվար է բացատրել, գուցե նրանով, որ մինչդեռ ուրիշ «Խազ-փուշ»-ները իրանց ցնցոտիների մեջ փաթաթված, դարձյալ տրտնջում էին ցրտից, բայց նա յուր ղենջակով ամեննին բողոք չէր հայտնում :

Ջաֆարը ուներ յուր և այլ բարձր արժանավորությունները:

Նա վեհությամբ անցավ մոխրանոցը, աչք ածեց թշվառների վրա և մոտեցավ մի մթին խորշի, որ նեղ ու երկար սենյակի նմանություն ուներ: «Դժոխքը» յուր չորեք կողմում ուներ շատ այսպիսի խորշեր, որոնք տաքանում էին պատերից, և ամպամած օրերում ծառայում էին բաղանիքի սպիտակեղենները չորացնելու համար: Այդ մեկի մի կողմի պատը վաղուց քանդվել էր, այդ պատճառով մնացել էր առանց գործածության: Ջաֆարը բնակվում էր այդ ավերակի մեջ: Բաղանիքպանի հետ նրա մոտ հարաբերությունը՝ այդ առանձնաշնորհության պատճառը եղավ: Նա շինեց, սարքեց յուր բնակարանը, պատի քանդված տեղում քարեր, աղյուսներ դարսեց, իհարկե, առանց ծեփի, և քամին ու ցուրտը անարգել կերպով փչում էին ճեղքերից: Տարակույս չկա, որ Ջաֆարը յուր անձի համար այդքան հոգ չէր տանի, բայց նա ուներ մի այլ պատճառ, որ հարկադրեց նրան այդ մթին գերեզմանը խնդրել բաղնիքպանից:

Նրա խնամակալության ներքո գտնվում էր մի երեխա, որին նվիրել էր նա յուր բոլոր սերը, յուր հոգու բոլոր զգացմունքները: Երեխան քնած էր, երբ նա ներս մտավ, այդ պատճառով հուշիկ քայլերով մոտեցավ, որ չզարթեցնե նրան, և կամաց նստեց նրա մոտ: Մանուկի ներկայությունը այդ կոշտ կոպիտ մարդուն քնքշության էր ընտելացրել: Երկար, մի առանձին գթությամբ նայում էր նրա վրա: Երեխան մինչև վիզը թաղված էր հարդյա անկողնի մեջ, իսկ գլուխը դրած էր քրքրած փսիաթի փաթաթի վրա, որ բարձի տեղ էր ծառայում: Մի հոգատար մոր ձեռքով՝ ամենայն խնամքով պատրաստած անկողին յուր բոլոր փափկությամբ չէր կարող այնպիսի քաղցր քուն պարգևել յուր մանուկին, որպես քնած էր այդ փոքրիկ երեխան յուր հարդյա մահճի մեջ: Երբեմն նրա սիրուն դեմքը ժպտում էր, երբեմն նրա լիաշուրթ բերանը թոթովում էր անիմասկանալի բառեր: Երևում էր, որ երազների մեջ է: Մրախառն փոշին, որով լցված էր «դժոխքի» ամբողջ մթնոլորտը, դրել էր այդ երեխայի գեղեցիկ երեսի վրա. յուր մուգ-սևագույն խավը, որով նրա դեմքը ավելի թուխ գույն էր ստացել: Նա քրտնած էր, և քրտինքը ողողում էր սև փոշին, և սև կաթիլներով թափվում էր նրա բարձի վրա: Ջաֆարը ձեռքը տարավ, սրբեց երեխայի ճակատից քրտինքը: Բայց, չնայելով նրա բոլոր զգուշությանը, խարտոցի նման կոշտ ձեռքը մի այնպիսի զգալի շփում գործեց, որ երեխան զարթնեց: Նա քնաթաթախ աչքերը թաց արեց և, տեսնելով յուր խնամակալին՝ իր մոտ, սուր ձայնով հարցրեց.

— Աքաղա՛ղը... ի՞նչ եղավ աքաղաղը... ո՞ւր գնաց, հայրիկ...:

— Փախավ, զավակս, — պատասխանեց Ջաֆարը, նրան հանգստացնելով: — Այս րոպեիս կբռնեմ:

— Դե բռնի՛ր... շուտ բռնի՛ր...:

Ջաֆարը, փոխանակ աքաղաղի հետևից գնալու, որին երեխան երազումն էր տեսել, բաց արեց նրա առջև յուր դենջակը: Երեխան, տեսնելով ճակնդեղի կարմիր կոշտերը, մոռացավ աքաղաղին, սկսեց ագահաբար ուտել: Մի քանի րոպե ուտում էր նա ու ձայն չէր հանում: Երբ փոքր-ինչ կշտացավ, ասաց.

— Ի՛նչ լավն է...:

Երեք տարի առաջ Ջաֆարը գտավ այդ երեխային խանձարուրի մեջ, մեջիտի դռան մոտ դրած և որդեգրեց նրան: Այդ երեք տարվա ընթացքում այդ երեխան նրա բոլոր հոգածության առարկան էր դարձել:

Գ

Անձյուն, դառնաշունչ ձմեռին հաջորդեց անանձրև գարուն, հետո — երաշտ ամառ: Ձմեռը ցանքերը ոչնչացրեց չոր ցուրտը, իսկ ամառը չոր տոթը: Ժողովուրդը սարսափով էր նայում երաշտության վրա, մանավանդ, երբ տեսնում էր, որ կենսական մթերքները օրըստօրե թանկանում էին:

Սովը անխուսափելի էր դառնում:

Բազարում արդեն քանի օր էր, որ հաց չէր երևում: Մարդիկ փողը ձեռքում ման էին գալիս և հաց չէին գտնում: Կառավարությունը ամեն խստություններ գործ էր դնում, որ առատությունը վերականգնե: Օր չէր անցնում, որ մի քանի հացթուխներ ականջներից մեխած չլինեին իրանց խանութների առջևի սյուների վրա: Օր չէր անցնում, որ մի քանի ալյուր ծախողներ քթից ղալմուխի ուղտի նման, թոկ անցկացված չլինեին և ման չածեին փողոցներում՝ ի ցույց այլոց: Բայց դարձյալ հաց չկար ու չկար բազարում:

Արդեն մարդիկ սկսել էին բանջարներով ու արմատներով կերակրվել, և մի քանի օր առաջ փողոցներում գտել էին սովամահների դիակներ:

Բայց Շահի յուրաքանչյուր հարցին, թե ի՞նչ դրության մեջ է սովը, մեծ վեզիրը սովորաբար պատասխանում էր. «Գոհություն աստծո, այժմ կատարյալ լիություն է տիրում, փոքր-ինչ թանկություն տեղի ունեցավ, այն ևս անցավ»:

Խոսվում էր, որ կենսական մթերքները այնքան պակաս չեն, որ սովը այն աստիճան սաստկության հասներ: Խոսվում էր և այն, որ հարուստ հաջիների մոտ նախորդ տարիներից մնացած այնքան ցորեն և ալյուր կա, որ բավական կլինեին լիացնելու ժողովրդին, բայց հաջիները թաքցնում են, որ ավելի թանկ գնով վաճառեն: Արդեն հաջի Ռահիմի ամբարները այդպիսի խոսակցությունների առարկա էին դարձել:

Հասարակության տրտունջը օրըստօրե ավելի սաստկանում էր: Կարծիք կար, որ մասնավոր պաշտոնակալներ իրանք հովանավորում էին հաջիներին իրանց ամբարները թաքցնելու և, փոխանակ նրանց հրամայելու, որ հրապարակ հանեն պահած մթերքները և վաճառեն — նրանք պատժում էին խեղճ հացթուխներին, որոնք հաց պատրաստելու համար պետք է հաջիներից գնեին ալյուրը, իսկ հաջիները նրանց մերժում էին:

Պաշտոնակալների թվում այդ մեղադրանքը ընկնում էր ավելի դարուղայի վրա, որի հսկողության ներքո էր գտնվում բազարի և շուկայի բարեկարգությունը:

Մի օր երեկոյան ազանից բավական անցել էր, աղոթասեր մուսուլմանները իրանց նամազը արել վերջացրել էին և պատրաստվում էին քնելու: Բոլոր փողոցները դատարկվել էին, և քաղաքում գիշերային խավարի հետ տիրում էր խորին լռություն: Այդ այն ծանր, գերեզմանական լռությունն էր, որ հատուկ է բոլոր պարսկական քաղաքներին արևի մուտքից հետո: Կյանքը և գործունեությունը դադարում է, ամեն մարդ փակվում է յուր տան մեջ, որովհետև փողոց դուրս եկողը կարող է կալանավորվել հենց առաջին պատահած «դարավուլից», եթե գիշերվա անունը չգիտե: Իսկ գիշերվա անունը գիտեն միայն ոստիկանությանը շատ մոտ եղած մարդիկ:

Հանկարծ գիշերային այն ընդհանուր լռության մեջ մի տեղից լսելի եղավ շեփորի ձայն: Նրան ձայնակցեցին ուրիշ շեփորներ զանազան տեղերից: Այդ չարագուշակ ձայները սարսափ ձգեցին ամբողջ քաղաքի վրա: Ձայները լսվում էին քաղաքի համարյա բոլոր բաղանիքների կտուրներից: Իսկ նրանց գիշերային տարաժամ հնչման նշանակությունը գիտեր ժողովուրդը:

«Խաչ-փուշ»-ները ոտքի ելան. այդ շշունջը արագությամբ սկսեց տարածվել դեպի ամեն կողմ:

Մոխիրների միջից դուրս խուժեց մերկանդամ թշվառությունը և լցրեց բոլոր փողոցները:

Բաղանիքների «դժոխքում» մրոտած, սևացած խառնիճաղանջը որպես մի սոսկալի բողոք, հետզհետե հավաքվելով և ստվարանալով առաջ էր ընթանում սև, այլանդակ հոսանքով: Նրանց մեջ կային կիսամերկ կանայք, ֆուրիայի դեմքով և խառնաշփոթ մազերով, որոնք զինված էին քարերով: Նրանց մեջ կային ծերունիներ, որոնք, որպես ծերացած, հասունացած կատաղություն, իրանց մուրացկանության ցուպը դարձրել էին այս գիշեր վրեժխնդրության գավազան: Նրանց մեջ կային երիտասարդներ, բորբոքված երիտասարդական բոցով: Նրանց մեջ կային պատանիներ, երեխաներ, որոնք, իբրև աղքատության և դառնության խղճուկ զավակներ, աղաղակում էին. «Հա՛ց ենք ուզում...»: Այդ աղաղակը ավելի զորեղ ու ավելի ազդու էր, քան բոլոր զենքերի շաչյունը ու շառաչյունը:

Բոլորին առաջնորդում էր մեր նախածանոթ ծերունի Աիմադը զինված յուր նշանավոր վերարկուով և ծանր հողաթափներով: Այդ գիշերը կարծես մանկացած լիներ նա: Թանձր վերարկուն ձգել էր ձախ թևքի վրա, որ ծառայում էր նրան որպես վահան, իսկ աջ ձեռքում բռնած ուներ, որպես երկու ռումբեր, իր երկու ծանր հողաթափները: Նրա կողքին գնում էր երիտասարդ Ջաֆարը, որ մի ձեռքով տանում էր «Խաչ-փուշ»-ների դրոշը, իսկ մյուս ձեռքով յուր փոքրիկ մանուկին: Դրոշի վրա ծածանվում է «Խաչ-փուշ»-ների նշանը, որ պատկերացնում էր մի նիհար, կիսամերկ մուրացկան, կռացած մեջքով, որ մատով ցույց էր տալիս երկինքը, և, կարծես, ասելիս լիներ՝ «Այնտեղ դատավոր կա...»:

Բարձր ձողերի գլխին վառած ջահերի կապտագույն բոցերը լուսավորում էին կատաղի խուժանը, որ անընդհատ կերպով գոռում էր, որոտում էր և ընդհանուր աղաղակների միջից որոշվում էին երեք բառեր միայն — «Յա հո՛ւ... Հա՛կկ»:

Բազմությունը գնալով ստվարանում էր. նրանց հետ խառնվում էին նոր մարդիկ քաղաքի սրիկաներից, որոնցից շատերը զինված էին: Ոչինչ չունենալով, այդ ստահակները և կորցնելու ոչինչ երկյուղ չունեին: Նրանց մնում էր իրանց մերկ անձը միայն, որից վաղուց կցանկանային ազատվել:

Մի քանի տեղ ոստիկանությունը դուրս եկավ նրանց առջև, բայց վանեցին քարերով ու փայտերով: Մի քանի տեղ ղարավուլխանաների պահակները փորձեցին փակել նրանց ճանապարհը, բայց պահականոցը մի րոպեում քարուքանդ եղավ նրանց կատաղության առջև:

«Յա հո՛ւ... Հա՛կկ... »:

Լսելի էին լինում խառնաձայն աղաղակները, և շրջակայքը դղրդում էր հազարավոր ձայներից:

Խաղաղ քնած քաղաքացիները իրանց սենյակներում, լսելով այդ աղաղակները, կարծում էին, որ այդ մի հոգևոր թափոր էր, որ անցնում էր փողոցներով: Որովհետև սակավ չէր պատահում, որ սովի, ժանտախտի և այլ պատուհասների ժամանակ, ամբոխը ամբողջ գիշերներ լցնում էր փողոցները, մինչև լույս պտույտներ էր գործում և կուրծքները կոծելով, աղաղակելով, երկնքից գթություն էր խնդրում:

Բայց այդ թափորը ցանկանում էր երկնքի վրեժխնդրության գործիքը ինքը լինել:

Նա անցավ բազարի հրապարակը, մտավ մի լայն փողոց և յուր ընթացքը ուղղեց դեպի մի նշանավոր տուն: Այդ միջոցին աղաղակները ավելի սաստկացան: Յուր ճանապարհի վրա զայրացած խուժանը փշրում էր, խորտակում էր հաջիների և այլ մեծամեծների դռների բոլոր զարդարանքները:

Հասնելով նշանավոր տանը, բազմությունը շրջապատեց նրան: Սկսեցին մուրճերով, կացիններով, տապարներով խորտակել դռները: Հետո բազմության մի մասը ներս հոսեց: Շատ չանցավ, սալահատակների վրայով քարշ տալով, հանեցին մի մարդ և ձգեցին դռան առջև: Նրա մոտ կանգնեց ծերունի Ահմադը և կարդաց հետևյալ դատապարտական վճիռը. «Ահա մեր թշվառության և աղքատության սկզբնապատճառը: Եթե այդ ամենահարուստ հաջին այնքան ագահ չլիներ, մենք քաղցած չէինք մնա: Նա խլեց մեր հացը և յուր համար ապարանքներ շինեց: Քանդեցե՛ք այդ ապարանքը, որ անիրավության և անգթության արդյունքով է կառուցել: Քանդեցե՛ք, և իր սեփական տան աղյուսներով, որոնք մե՛ր արյունով և արտասուքով են շաղախված, քարկոծեցեք այդ մարդուն...»:

Ջահերի կապտագույն լուսավորության ներքո ծերունու մռայլ դեմքը ավելի սոսկալի էր դարձել: Նա առաջինը եղավ, որ յուր ձեռքի ծանր հողաթափներից մեկը զարկեց դատապարտյալի գլխին: Նրա օրինակին հետևեցին կանայքը, որոնք իրանց ծոցերում լցրած քարերը նետեցին անիրավի վրա: Հետո հազարավոր ձեռքեր սկսեցին քանդել աղյուսները, և մի քանի րոպեում նրա դիակի վրա կազմվեցավ մի ահագին բլուր իր փառավոր ապարանքի փլատակներից:

Այդ մարդը հաջի Ռահիմն էր — քաղաքի ամենաանգութ հարստահարիչը և վաշխառուն:

Կողոպտելով հաջիի հարուստ ամբարները, բազմությունը հաղթական աղաղակներով սկսեց դիմել դեպի մի այլ տուն:

Դա քաղաքի դարուղայի տունն էր, որ ցորենատերերից կաշառք ընդունելով, նպաստում էր սովի սաստկանալուն:

Նրա դիակը նույնպես թաղվեցավ իր տան փլատակների ներքո...

Դ

Գիշերվա խռովությունները առավոտյան ամբողջ քաղաքի խոսակցության առարկան էր դարձել: Շատերը երկյուղից իրանց խանութները չէին բաց անում: Ցրիվ եկած «Խազ-փուշ»-ները դեռ թափառում էին փողոցներում: Ցորենատերերը կատաղած էին, իսկ սովատանջները գովում էին «Խազ-փուշ»-ների վարմունքը:

Այսպիսի խոշոր դեպքեր շատ անգամ Շահին չէին հայտնում, կամ եթե հայտնում էին, այն ևս շատ փոքրացրած ձևով: Սովորաբար ուշացնում էին զեկուցումները, մինչև Շահը լավ տրամադրված կլիներ, որ մի հարմար ժամանակ գտնեին նրան պատահած անկարգությունը հայտնելու:

Օրը ուրբաթ էր: Այսօր Շահը սովորություն ուներ գնալ քաղաքից ոչ այնքան հեռու մի ուխտատեղի՝ աղոթելու համար: Գնացքը սկսվեցավ վաղ առավոտյան և տևեց մի քանի ամբողջ ժամեր:

Ամենից առաջ շքեղազարդ ջորիների ստվար խումբեր, բարձած վրաններով և ամեն տեսակ բարիքներով, տանում էին արքայական նախաճաշիկի պատրաստությունները, որ պետք է աներ այնտեղ:

Հետո սկսեց գնալ կանանոցը:

Ծածկված կառքերի, փակված պատգարակների և դիպակների մի երկար շարք լցրել էր այն փողոցը, որ պալատից տանում էր դեպի հիշյալ ուխտատեղին: Հարյուրներով կարելի էր հաշվել նրանց թիվը, որոնց յուրաքանչյուրի մեջ նստած էր մի-մի թագուհի: Դրանց հետնից գնում էին հարճերի և պալատական նաժիշտների պատգարակներն ու դեսպակները: Գնացքը անցնում էր համրընթաց կերպով: Յուրաքանչյուր կառք շրջապատված էր մի խումբ զինված ներքինիներով, որոնք անդադար աղաղակում էին՝ Քուր շո՛վ... Քուր շո՛վ..., որ նշանակում էր՝ «Կույր եղի՛ր... Կույր եղի՛ր»...

Ամեն աչքեր պետք է կուրանային, ամեն տեսանելիք պետք է փակվեին: Ոչ ոք իրավունք չուներ նայելու Շահն-Շահի կանանց վրա, թեև անցնում էին ծածկված կառքերի մեջ:

Ներքինիների սպառնալից աղաղակները լսելով, փողոցի վրա բացված լուսամուտները փակվում էին, կտուրների վրա զբոսնող մարդիկ հեռանում էին և թաքնվում էին վերնապարսպի հետևում: Իսկ այն մարդիկ, որ փողոցումն էին գտնվում կամ շտապում էին շուտով փախչել և կամ, եթե ժամանակ չէին գտնում փախչելու, ընկնում էին գետին երեսի վրա, աչքերը երկու ձեռքով պինդ կալնում էին, և այն դրության մեջ մնում էին մինչև գնացքը անցներ:

Ամենափոքր անուշադրություն կպատժվեր սնամորթ ներքինիների արյունահեղ խենջարով:

Կանանոցը անցնելուց հետո, սկսվեցավ թագավորի հանդերձանքը:

Նրա առջևից գնում էր նրա սարսափը: Նախ մի խումբ ջորիներ տանում էին դալար ճիպոտների խուրձեր և «ֆալախկաներ», եթե հարկավոր լիներ մեկին գանակոծելու: Նրա հետևից, երկու շարքով, մեկը փողոցի աջ կողմից, մյուսը փողոցի ձախ կողմից, գնում էին տապարակիրները, ծանր տապարները — երկաթյա կոթերով ձեռքում բռնած: Նրանց թութ կողմով, որ մեծ մուրճի ձև ուներ, մարդկանց գլուխ էին ջախջախում, իսկ սուր կողմի մի հարվածով պարանոցներ էին ձգում: Տապարակիրների հետևից, նույն կարգով, փողոցի աջ ու ձախ կողմից, որպես երկու անընդհատ շղթա, գնում էին մի քանի հարյուր «ֆերրաշներ»: Դրանք ձեռներին բռնած ունեին երկար վարոցներ, իսկ յուրաքանչյուրի գոտիից քարշ էր ընկած նույնպես երկար երկսայրին: Ֆերրաշներր անդադար աղաղակում էին, «բրո՛... բրի՛»... որ նշանակում է՝ գնա՛-հեռացի՛ր: Այդ ձայնը լսելով, ամեն ոք դուրս էր գալիս, հեռանում էր ճանապարհից: Թե տապարակիրները և թե ֆերրաշները գնում էին ոտով:

Վերջապես հայտնվեցավ արեգնափայլ արքան:

Արեգակի ճառագայթների առջև, իր գոհարեղեն զարդերով, վառվում էր նա, որպես մի շլացուցիչ պայծառություն:

Նա միայնակ էր: Նժույգը, որի վրա նստած էր նա, ոչ պակաս փայլում էր նա յուր ոսկեղեն, ալմաստեղեն զարդերով:

Առջևից, բավական հեռավորության վրա, գնում էին մի խումբ զինված սեպուհներ, նշանավոր ազնվական երիտասարդներից, իսկ հետևից, նույնպես բավական հեռավորության վրա, գալիս էին պալատական բարձր պաշտոնյաները, հետո՝ պալատական սենեկապետները, մանկլավիկները և այլն: Ամենքը շքեղազարդ ձիաների վրա էին նստած:

Մեջտեղում թագավորը ամեն կողմից երևում էր:

Մի այլ փողոցից, որ խաչաձև կտրում էր առաջինը, հայտնվեցավ մարդիկների մի այլ խումբ — մռայլ, որպես թախծություն:

Ֆերրաշների սպառնալի «բրո՛-բրի՛ն» անզոր եղավ վանելու այդ հանդուգն խումբը, որ համարձակությամբ առաջ մղվեցավ և կանգնեց ճանապարհի եզրում: Մեկը նրանցից բաժանվեցավ և գետինը համբուրելով, մոտեցավ թագավորին:

— «Խազ-փուշ»-ները՝ համենօրհնյալ աճյունս արքայից արքայի աղերս ունին, — ասաց նա:

Թագավորը ձիու գլուխը պահեց:

Մինչդեռ ոչ մի շնչավոր համարձակություն չուներ մոտենա՝ այն ճանապարհին, որով անցնում էր նա, ընդհակառակն, այդ մերկանդամ ստահակները, սակավ չէր պատահում, որ նրա ճանապարհը կտրում էին: Բարեսիրտ թագավորը միշտ մի առանձին հաճությամբ կանգնեցնում էր յուր ձին, նրանցից մի որևէ սրախոսություն կամ կատակ լսելու, հետո լի բուռն ոսկիներով ուրախացնում էր նրանց: Այս անգամ ևս նա դարձավ դեպի յուր սենեկապետներից մեկը, ակնարկեց, որ գոհացնե աղքատներին:

— «Խազ-փուշ»-ները փողի համար չեն անհանգստացնում իրենց սիրելի թագավորին, — ձայն տվեց նա: — «Խազ-փուշ»-ները եկել են անձամբ հայտնելու իրանց այս գիշեր կատարած ամենածանր հանցանքը, որ տիեզերքի արդարադատը արժանավոր պատիժը տնօրինե:

Խոսողը երիտասարդ Ջաֆարն էր, որ մի ձեռքով բռնած ուներ իր փոքրիկ մանուկին:

Նրա վերջին խոսքերը հետաքրքրեցին թագավորին: Իսկ նա, ավելի մոտենալով, շարունակեց.

— Այդ լայն փողոցը, — նա ձեռքը տարավ դեպի փողոցի երկարությունը, — որ այժմ այդպես մաքրված է թագավորի առջև, վաղ առավոտյան ծածկված էր սովամաշների դիակներով: Այդ գերեզմանի պես լուռ տները, որոնցից այժմ ոչ մի ձայն չի լսվում, ամբողջ գիշերը ողբում էին իրանց սովատանջներին: Աղքատ ժողովուրդը հացիների ցորենով և ալյուրով լի ամբարների պատերի մոտ քաղցից մեռնում է: Նրա լացը, նրա ողբը, նրա աղաղակը թույլ չեն տալիս, որ մինչև թագավորի ողորմած լսելիքը հասնե: Ստախոսները, շողոքորթները, խաբեբաները միշտ հրապուրում են այդ անաչառ լսելիքը, ամեն ինչ լավ ցույց տալով, ճշմարտությունը քողարկելով և ստությունը իբրև ճշմարիտ ներկայացնելով: Հին թագավորները իրանց շրջապատող խաբեբաների մոլորություններից ազատ մնալու համար, շատ անգամ մեզ նման «Խազ-փուշ»-ների կամ դերվիշների կերպարանք էին ընդունում, անձամբ մտնում էին ժողովրդի մեջ, նրա ցավերի և պետքերի հետ ծանոթանալու համար: Այժմ այդ փրկարար սովորությունը չէ մնացել: Թագավորը յուր ժողովրդի պետքերն ու պահանջները հասկանալու համար կամ ինքը պետք է մոտենա ժողովրդին, կամ պետք է թույլ տա, որ ժողովուրդը մոտենա իրան: Իսկ քանի որ իրան անմատչելի կպահի, միշտ սխալանաց մեջ կմնա: Իբրև ապացույց, որ ամեն իրողություն մինչև թագավորի լսելիքը չէ հասնում, բավական կլինի, եթե ասեմ, որ այս գիշեր «Խազ-փուշ»-ները սպանեցին քաղաքի ամենահարուստ հացիին, կողոպտեցին նրա ցորենի ամբարները, որ թաքցրել էր ավելի թանկ գնով վաճառելու մտքով — սպանեցին և քաղաքի «դարուղային», որ հովանավորում էր այս տեսակի ավազակին: Երկուսի դիակներն ևս թաղվեցան իրանց ապարանքների մոխիրի ներքո: Ապստամբների պարագլուխներից մեկը եղել եմ ես, իսկ մնացյալները այդ թշվառներն են, որ այստեղ կանգնած են: Այժմ թող արդարադատ թագավորը բարեհաճի մեր արժանավոր պատիժը տնօրինել:

— Դուք ոչինչ պատժի արժանի չեք, — պատասխանեց թագավորը լի վրդովմունքով: — Հանցավորը յուր պատիժը կկրե, երբ ես կվերադառնամ աղոթելուց:

Մեծ վեզիրի դեմքը գունաթափվեցավ: Թագավորը անցավ:

ՑԱՆԿ